어음 · 수표법 강의

신현탁

서 문

본서는 저자가 그동안 고려대학교 로스쿨에서 어음수표법 과목을 강의하면서 정리해두었던 자료를 책으로 엮은 것이다. 국내에서는 어음·수표가 예전처럼 빈번하게 사용되지 않기 때문에 관련 판례도 드물게 나오며, 어음수표법의 활용도 역시 매우 감소하였다. 그럼에도 불구하고 변호사시험에서는 오히려 해가 갈수록 출제 비중과 난이도가 높아지고 있기 때문에 로스쿨 학생의 입장에서는 어음수표법을 소홀히 할 수가 없게 되었다. 이에 본서는 다음과 같은 특징을 가지고 서술되었다.

첫째, 정교한 학문적 논의를 중시하였던 전통적인 교과서와 달리 학설 소개는 최소화하는 대신 판례의 입장에서 문제를 어떻게 해결할지에 초점을 맞추었다. 다만 학생들이 판례 원문을 직접 찾아볼 필요는 없다고 판단하여 판례번호를 생략하고 본문의 양을 줄였다. 특별히 중요한 판례에 한하여 판례번호를 표시하였고, 본서 말미의 색인에서 찾아볼 수 있도록 추가하였다.

둘째, 변호사시험 기출문제를 다음과 같이 최대한 반영하였다.

1. 본문 중 기출문제 관련 문장은 회색으로 하이라이트 처리를 하여 한눈에 알아볼 수 있도록 하였다.

2. 중요한 객관식 기출 지문을 문맥에 맞게 다듬어서 본문으로 사용했기 때문에 정지문에 익숙해지는 효과가 있을 것이다.

3. 기출문제의 빈도와 중요도를 고려하여 본문의 해당 부분에 별표를 최대

세 개(☆☆☆)까지 표시하였다. 강약을 조절하며 입체적으로 공부할 수 있을 것이다.

4. 변호사시험 및 법전협 모의고사의 기출문제를 전부 검토하여 가장 중요하고 전형적인 문제를 추려서 각 챕터 말미에 연습문제와 상세한 해설을 마련하였다.

셋째, 다양한 도표를 제시하였다. 교재 전반에 걸쳐서 비슷한 사항이 반복되고 헷갈릴 수 있어서 이들을 비교·정리하였고, 어음·수표가 유통되는 과정에서 발생하는 문제 상황들을 시간 순서(①→②→③)에 의하여 따라가면서 파악할 수 있도록 흐름도를 제공하였다.

이제 개인적인 감사를 전하고 싶다. 고려대학교에서 정찬형 교수님께 어음수표법을 처음 배울 수 있었던 것은 정말 행운이었다고 생각하며, 교수로 부임한 뒤 김정호 교수님께서 어음수표법 강의를 잘 할 수 있도록 여러모로 이끌어 주신 것 역시 감사하게 생각한다. 불현듯 평생을 법관으로 사신 아버님의 어음수표법 실무논문을 굳이 찾아 읽으면서도 투덜거리던 학생 시절이 생각나서 절로 미소가 지어진다. 이 책 역시 완벽과 거리가 멀겠지만 학생들이 힘든 시간을 이겨나가는데 작은 도움이라도 될 수 있기를 바란다.

2025. 3.

저자 신현탁

차 례

Ⅰ. 어음·수표 개관

Ⅱ. 어음·수표행위

Ⅲ. 어음관계와 원인관계

Ⅳ. 어음·수표항변

V. 어음·수표행위의 대리

Ⅶ. 백지어음·수표

Ⅷ. 어음·수표의 발행

IX. 인수·지급보증·보증

X. 배　서

XI. 특수배서

XII. 어음·수표의 지급결제

XIII. 어음·수표상 권리의 소멸

XIV. 이득상환청구권 및 기타 쟁점

※ 본서는 고려대학교 연구비에 의하여 수행되었음

도표목록

어음 · 수표법 강의

I

어음·수표 개관

어음·수표 개관

1. 어음·수표의 의의

어음·수표는 지급·결제를 위한 수단으로서 유가증권에 해당한다. 어음·수표의 특징은 지급 시기를 조정함으로써 신용(credit)을 창출하고, 지급 장소를 조정함으로써 송금을 할 수 있다는 점이다.

어음·수표는 기본적으로 채권이 증권에 결합된 민법상 지시증권(민법§508~§522)에 해당하며, 어음법·수표법에서는 특별히 유통성을 보호하기 위한 규정들을 제공한다. 어음·수표는 원활한 수수를 위한 **유통성 확보**가 가장 중요하다. 유통성이 훼손되면 시장의 신뢰를 상실하기 때문이다.

어음·수표의 규율은 전세계적으로 제네바 통일조약을 따른다. 미국·영국은 예외이지만 그래도 상당 부분 유사하다.

2. 어음·수표의 유가증권 성격

(1) 유가증권의 의의

유가증권이란 재산권을 표창하는 증권이다. 유가증권에 표창된 권리를 이용하기 위해서는 증권의 소지가 필요하다. 권리가 증권에 체화된 것이므로 다시 권리를 제거하는 제권판결도 가능하다.

(2) 유가증권의 성격

① 설권증권성: 증권이 발행되어야 이와 동시에 권리가 성립할 수 있음.

② 요식증권성: 법률에 규정된 기재사항을 충족해야 효력이 인정됨(어음법§1, 수표법§1).

③ 문언증권성: 원인관계와 무관하게 증권에 기재된 대로 권리의 내용이 결정됨.

④ 무인증권성: 원인관계의 무효·취소·부존재와 상관없이 어음·수표의 효력이 인정됨.

⑤ 제시증권성: 증권을 제시받지 않는다면 이행지체에 빠지지 않음(어음법§38, 수표법§29).

⑥ 상환증권성: 채무를 이행할 때 변제와 증권을 상환받을 수 있음(어음법§39①, 수표법§34①).

⑦ 지시증권성: 어음·수표는 법률상 당연한 지시증권임(어음법§11①, 수표법§14②).

⑧ 면책증권성: 무권리자라 할지라도 형식적 자격을 갖춘 자에게 변제를 하면 면책됨(어음법§40③, 수표법§35①).

(3) 유가증권이 아닌 경우와 구별

① 자본시장법상 증권: 투자자가 취득 당시에 지급한 금전 이외에 추가적인

지급의무를 부담하지 않는 금융투자상품을 의미함. ex. 투자계약증권, 파생결합증권

② 증거증권: 법률관계의 존재와 내용을 용이하게 증명하기 위해 작성된 서면임. ex. 계약서, 차용증, 영수증

③ 면책증권: 민법§526에 의하여 그 소지인에게 이행하면 책임을 면하는 증서임. ex. 짐표, 수하물상환증

④ 금권/금액권: 그 자체가 재산적 가치를 인정받고 금전에 갈음하여 사용될 수 있음. ex. 지폐, 우표, 수입인지

3. 어음·수표의 기본 법률관계

(1) 권리 체계

어음소지인이 갖는 어음상의 권리는 (i) **주채무자에 대한 지급청구권**과 (ii) **상환의무자에 대한 상환청구권**으로 구분된다. 어음상 채무자는 주채무자가 아닌 한 모두 상환의무자이다. 반면 수표에는 주채무 개념이 없으므로, 수표소지인이 갖는 수표상의 권리는 상환의무자에 대한 상환청구권을 의미한다.

(2) 상환청구권의 보전

어음·수표소지인이 지급제시기간 내에 지급인 등에게 적법한 지급제시를 하였으나 자금부족 등의 이유로 지급거절된 경우에는 2차적으로 상환의무자에게 상환청구할 수 있다. 만약 적법한 지급제시를 하지 않았다면 상환청구권을 상실한다.

(3) 지급제시기간

어음의 지급제시기간은 만기로부터 2거래일이며, 수표의 지급제시기간은 발

행일로부터 10일이다. 이 기간 내에 적법한 지급제시를 했어야 상환청구권을 보전할 수 있다.

(4) 주채무자의 책임

어음소지인이 상환청구권을 보전하였는지 여부와 무관하게 어음의 주채무자에게는 소멸시효 기간(3년) 동안 지급을 청구할 수 있다.

〈도표 I-1〉 어음·수표의 유형별 기본구조

	어음 방식	수표 방식
3자 관계가 기본인 경우	〈환어음〉 발행인 ⇨ 수취인 ⇩ 지급인 ① 개념: 발행인이 '어음금을 수취인 또는 그로부터 지시받은 자에게 지급할 것'을 지급인에게 위탁하는 유가증권임(**지급위탁증권**). ② 주채무자: 원래는 없으나, 지급인이 인수한 경우에만 **인수인으로서 주채무**를 부담함.	〈수표〉 발행인 ⇨ 수취인 ⇩ 지급인(은행) ① 개념: 발행인이 '수표금을 수취인 또는 그로부터 지시받은 자에게 지급할 것'을 은행(지급인)에게 위탁하는 유가증권임(**지급위탁증권**). ② 주채무자: 없음.
양자 관계가 기본인 경우	〈약속어음〉 발행인 ⇨ 수취인 ① 개념: 발행인이'어음금을 수취인 또는 그로부터 지시받은 자에게 지급할 것'을 약속한 유가증권임(**지급약속증권**). ② **주채무자: 발행인**	〈자기앞수표〉 발행인(A은행) ⇨ 수취인 ⇩ 지급인(A은행) ① 개념: 은행이 발행인으로서 '수표금을 수취인 또는 그로부터 지시받은 자에게 지급'할 것을 자신에게 위탁하는 방식의 수표임(**지급위탁증권**). ② 주채무자: 없음.

〈도표 Ⅰ-2〉 약속어음 규정: 환어음의 관련규정을 준용함

어음법 제77조(환어음에 관한 규정의 준용)

① 약속어음에 대하여는 약속어음의 성질에 상반되지 아니하는 한도에서 다음 각 호의 사항에 관한 환어음에 대한 규정을 준용한다.

1. 배서(제11조부터 제20조까지)
2. 만기(제33조부터 제37조까지)
3. 지급(제38조부터 제42조까지)
4. 지급거절로 인한 상환청구(제43조부터 제50조까지, 제52조부터 제54조까지)
7. 변조(제69조)
8. 시효(제70조와 제71조)

② 약속어음에 관하여는 제3자방에서 또는 지급인의 주소지가 아닌 지(地)에서 지급할 환어음에 관한 제4조 및 제27조, 이자의 약정에 관한 제5조, 어음금액의 기재의 차이에 관한 제6조, 어음채무를 부담하게 할 수 없는 기명날인 또는 서명의 효과에 관한 제7조, 대리권한 없는 자 또는 대리권한을 초과한 자의 기명날인 또는 서명의 효과에 관한 제8조, 백지환어음에 관한 제10조를 준용한다.

③ 약속어음에 관하여는 보증에 관한 제30조부터 제32조까지의 규정을 준용한다. 제31조제4항의 경우에 누구를 위하여 보증한 것임을 표시하지 아니하였으면 약속어음의 발행인을 위하여 보증한 것으로 본다.

어음법 제78조(발행인의 책임 및 일람 후 정기출급 어음의 특칙)

① 약속어음의 발행인은 환어음의 인수인과 같은 의무를 부담한다.

II

어음 · 수표행위

어음·수표행위

1. 개념

어음·수표행위란 기명날인 또는 서명에 의하여 어음·수표상의 채무를 부담하겠다는 증권적 법률행위이다.

2. 형식적 요건

(1) 어음·수표행위를 위한 법정사항을 기재하여야 한다.

(2) 기명날인 또는 서명이 필요하다.

기명날인은 이름을 기재하고 도장을 찍는 것이고, 서명은 자신의 성명을 자필로 기재하는 것이다. 참고로 날인이 흠결된 기명날인은 효력이 없지만, 자필기명이라면 서명으로 선해할 여지가 있다.

(3) 기명날인의 방식

① 기명과 날인 중 하나라도 흠결되면 무효이다(판례).

② 기명은 행위자가 누구인지 특정할 수 있을 정도이면 된다. 본명일 필요도 없다. ex. 상호·통칭·예명도 가능함. ☆

③ 기명을 자필로 기재할 필요 없다. ex. 인쇄·타이핑·고무인도 가능함. ☆

④ 무인·지장은 날인으로 인정되지 않는다(판례). ☆☆

⑤ 기명과 날인이 일치하지 않더라도 유효하다. 이 때에는 기명 표시를 기준으로 행위자를 판단한다(판례). ☆

(4) 법인의 기명날인

① 법인의 명칭(회사 A), 대표자격(대표이사), 대표기관(개인 B)의 기명날인을 모두 갖추어야 한다. ☆

ex. <A주식회사 대표이사 B B의 印>

ex. <A주식회사 대표이사 B A주식회사 대표이사印>

② 날인이 기명과 일치하지 않는 경우: 어음행위자(황택임)의 진정한 의사에 기하여 기명날인이 이루어진 이상 기명과 날인이 서로 일치하지 않더라도 유효하다(판례). ex. <A주식회사 대표이사 황택임 서상길印> ☆☆

③ 기재상 사소한 실수에 의하여 기명이 날인과 일치하지 않더라도 유효하다(판례). ex. <A주식회사 대표이사 정창규 정창균印>

〈도표 II-1〉 법인의 기명날인에서 기명 일부 누락의 효과 ☆☆

A. 법인의 명칭이 누락된 경우

a. 법인 명칭에 대한 기재가 없다면 법인의 어음행위로 볼 수 없고, B의 개인적인 어음행위에 해당한다.

ex. <(법인명칭누락) 대표이사 B B의 印>

ex. <(법인명칭누락) (대표자격누락) B B의 印>

b. 발행인 명의가 개인(대표이사)으로만 되어 있고, 동인이 당해 회사를 위하여 발행하였다는 뜻이 표시되어 있지 않은 이상 비록 날인된 인영이 당해회사의 대표이사 직인이라 할지라도 대표이사가 당해회사를 대표하여 발행한 어음으로 볼 수 없다(**판례**). ex. <(법인명칭누락) 홍경민 방제산업주식회사 대표이사印> ☆

B. 대표자격의 표시가 누락된 경우

a. 법인의 어음행위로서는 효력이 없고, B의 개인적인 어음행위에 해당한다(**판례**).

ex. <A주식회사 (대표자격누락) B B의 印> ☆

b. 인장 내용에 의하여 B가 '당해회사를 대표한다'는 뜻이 표시되어 있는 것으로 인정할 수 있다(**판례**). ex. <삼화제일공업주식회사 (대표자격누락) 이석기 삼화제일공업주식회사 대표이사印> ☆☆

C. 행위자의 표시가 누락된 경우

법인의 행위는 대표기관에 의해서만 실현될 수 있는 것이므로 대표자의 기명날인을 흠결하면 무효이다(**판례**). ☆

ex. <한국상업은행 명동지점 (대표자기명누락) 이희도印>

ex. <국민은행 중부지점 (대표자기명누락) 주식회사 국민은행印>

3. 실질적 요건

(1) 당사자

어음행위의 당사자가 능력을 갖추어야 한다. 어음의사능력이 흠결되었으면 절대 무효이고, 제한능력자의 어음행위는 취소할 수 있다. 취소는 직접 상대방 및 이후의 취득자에 대하여 할 수 있다(**판례**). 이때 제한능력자에 대한 보호가 어음·수표의 유통성에 우선해야 하기 때문에 제한능력자는 취득자의 선의여부를 불문하고 대항할 수 있다. 그 밖에 특수한 경우는 다음과 같다.

① 법인

법인은 어음권리능력이 인정된다. 어음행위의 무색적 성질 때문에 그 자체가 법인의 목적범위 밖의 행위는 아니다(**판례**).

② 권리능력 없는 사단

권리능력 없는 사단도 독립하여 어음권리능력을 갖는다(**판례**). ☆

③ 조합

조합 자체는 어음권리능력을 갖지 못한다. 따라서 **조합원 전원**의 기명날인 또는 서명이 필요한 것이 원칙이다. ☆

이와 별개로 판례에 의하면 **<조합의 명칭, 대표자격, 대표자 기명날인>이 있으면 조합원 전원을 대리한 어음행위로 인정한다**. 이때 어음행위의 법률효과는 조합이 아닌 조합원 전원에게 귀속한다. ex. <A조합 대표자 B [B의 印]> ☆☆

(2) 목적

어음행위의 목적이 가능·적법·타당하고, 확정할 수 있어야 한다. 어음행위는 무인성에 의하여 원인관계로부터 분리되어 유효하게 존재하므로 특별히 문제되지 않는다.

(3) 의사표시

어음행위의 의사표시에서 의사와 표시가 일치하고 의사표시에 하자가 없어야 한다.

① 통정허위표시

통정허위표시에 의한 어음행위는 무효이다.

한편 A가 B에게 반사회질서 법률행위의 대가로 약속어음을 발행했다면 원인관계는 무효이겠으나, 원인관계와 무인성에 의하여 분리되는 어음관계의 효력은 별개로 판단되기 때문에 어음행위 자체에 하자가 없다면 당연 무효는 아니다. ☆

참고: 대법원 2005. 4. 15. 선고 2004다70024 판결

이 사건 약속어음 발행 당시 원고들이 소외 회사를 상대로 제기한 공사대금 청구소송이 항소심에 계속중이었는데, 당시 소외 회사는 거제시에 대한 위 공사대금채권 외에 별다른 재산이 없었던 사실, 그 후 피고가 이 사건 공정증서에 집행문을 부여받고 이를 집행권원으로 내세워 위 공사대금채권에 관하여 채권압류 및 전부명령을 받은 이후에 … 소외 회사와 피고가 통모하여 **실제로 피고에게 어음상의 권리를 취득하게 할 의사는 없이** 단지 소외 회사의 채권자들에 의한 채권의 추심이나 강제집행을 피하기 위하여 이 사건 약속어음을 발행하였다고 봄이 상당하므로 **이 사건 약속어음 발행행위는 통정허위표시로서 무효**이다.

② 착오·사기·강박의 하자

착오·사기·강박에 의한 어음행위는 취소할 수 있다. <판례>에 의하면 의사표시의 하자를 어음법 § 17에 해당하는 인적항변으로 파악한다. 따라서 소지인이 채무자를 해할 것을 알고 어음을 취득한 경우가 아닌 한, 소지인이 중대한 과실로 그러한 사실을 몰랐다고 하더라도 어음채무자는 종전 소지인에 대한 인적항변으로써 소지인에게 대항할 수 없다. ☆

cf. 반면에 통설은 의사표시의 하자를 어음법 § 17에 해당하지 않는 인적항변으로 파악하여, 어음채무자는 악의 또는 중과실 없는 제3자에게 대항할 수 없다고 본다.

4. 어음·수표이론

[문제상황] 어음작성 후 수취인에게 교부하지 않은채 서랍 속에 보관하다가 도난당한 어음·수표가 유효한가?

① 창조설: 어음채무는 기명날인/서명자의 일방적인 기명날인 또는 서명만으로 성립한다.

② 발행설: 어음채무는 어음의 작성 및 기명날인/서명자의 의사에 기한 어음의 점유이전행위라는 단독행위에 의하여 성립한다.

③ 교부계약설: 어음채무는 기명날인/서명자와 상대방간의 계약에 의하여 성립한다.

④ 권리외관설: 어음채무는 원칙적으로 교부계약에 의하여 발생하지만, 예외적으로 어음을 선의로 취득한 제3자에 대한 관계에서는 어음채무를 부담한다.

※ 판례: 교부계약설을 권리외관설에 의하여 보충함

〈도표 II-2〉 어음·수표이론별 요건 비교

	작성	교부	수령능력
① 창조설	要	不要	不要
② 발행설	要	要	不要
③ 교부계약설	要	要	要
④ 권리외관설	외관법리		

5. 어음·수표행위 독립의 원칙

어음법 제7조(어음채무의 독립성) 환어음에 다음 각 호의 어느 하나에 해당하는 기명날인 또는 서명이 있는 경우에도 다른 기명날인 또는 서명을 한 자의 채무는 그 효력에 영향을 받지 아니한다.

1. 어음채무를 부담할 능력이 없는 자의 기명날인 또는 서명
2. 위조된 기명날인 또는 서명
3. 가공인물의 기명날인 또는 서명
4. 그 밖의 사유로 환어음에 기명날인 또는 서명을 한 자나 그 본인에게 의무를 부담하게 할 수 없는 기명날인 또는 서명

수표법 제10조(수표채무의 독립성) 수표에 다음 각 호의 어느 하나에 해당하는 기명날인 또는 서명이 있는 경우에도 다른 기명날인 또는 서명을 한 자의 채무는 그 효력에 영향을 받지 아니한다.

1. 수표채무를 부담할 능력이 없는 자의 기명날인 또는 서명
2. 위조된 기명날인 또는 서명
3. 가공인물의 기명날인 또는 서명
4. 그 밖의 사유로 수표에 기명날인 또는 서명을 한 자나 그 본인에게 의무 를 부담하게 할 수 없는 기명날인 또는 서명

(1) 의의

① **선행하는 어음·수표행위가 실질적 무효임에도 불구하고 후속하는 어음·수표행위는 이에 영향을 받지 않고 독립적으로 효력이 발생한다**(어음법§7, 수표법§10). 이를 어음·수표행위 독립의 원칙이라 하며, 어음·수표행위자는 어음·수표상 기재에 대하여 독립적으로 채무를 부담한다. ☆☆

② 실질적 무효가 아닌 형식적 흠결이 있는 경우라면 적용될 수 없다. ☆

③ 어음·수표의 취득 또는 어음·수표행위 당시에 선행하는 어음·수표행위의 실질적 무효를 알았다고 하더라도 이와 무관하게 어음·수표행위 독립의 원칙이 적용된다.

④ 다만 어음·수표행위자의 채무 부담과는 별개로, 어음·수표의 소지자가 권리를 행사하려면 승계취득이나 선의취득에 의하여 어음·수표상의 권리가 발생하였어야 한다. 어음·수표행위 독립의 원칙과 선의취득 제도는 별개의 차원에서 적용되는 것이다. ☆

참고: 대법원 1993. 8. 24. 선고 93다4151 전원합의체 판결

[문제상황] 채무자가 위조를 주장하면서 소지인에게 채무발생의 입증을 요구하고, 소지인은 어음법§16①에 의한 적법소지인 추정력을 주장하는 상황

[판시사항] 입증책임의 분배에 관한 일반 원칙에 따르면 어음소지인이 어음채무자에 대하여 어음상의 청구권을 행사하는 경우 어음채무발생의 근거가 되는 요건사실은 어음소지인이 주장·입증하여야 한다. 배서의 자격수여적 효력에 관하여 규정한 어음법§16①은 어음상의 청구권이 적법하게 발행한 것을 전제로 그 권리의 귀속을 추정하는 규정일 뿐, 그 권리의 발생 자체를 추정하는 규정은 아니라고 해석된다.

[별개의견] 일반적으로 적법한 권리자의 추정은 의무발생의 추정을 전제로 이를 포함하고 있는 것으로 보아야 추정의 진정한 의미가 있으므로, 권리자로 추정된다는 것은 어음채무 발생에 대한 추정을 포함한다.

(2) 근거

유통성을 보호하기 위한 특칙이라고 보는 예외법칙설이 통설의 입장이다.

(3) 적용범위

① 발행의 선행행위는 존재할 수 없으므로 발행에 대해서는 적용이 불가능하다.

② 인수의 선행행위인 발행에 실질적 하자가 있더라도 인수에 의한 독립적 채무를 부담한다.

③ 배서에 의하여 어음을 취득한 어음소지인은 최초의 발행행위가 위조되었더라도 어음행위 독립의 원칙상 그 뒤에 유효하게 배서한 배서인에게 상환청구할 수 있다(**판례**). ☆

연습문제

Ⅱ-1. 어음행위의 성립요건에 관한 설명 중 옳은 것은? (다툼이 있는 경우에는 판례에 의함) [2014년 변호사시험 기출]

① 기명날인 또는 서명은 반드시 자필로 하여야 하므로 기명날인의 대행은 허용되지 않는다.

② 기명의 명의와 날인의 명의가 일치하지 않으면 그 기명날인은 무효이다.

③ 본인 여부를 더욱 확실하게 알 수 있는 기명무인도 유효한 어음행위가 된다.

④ 약속어음의 발행에 있어 발행인의 기명이 반드시 그 본명과 일치하여야 하는 것은 아니다.

⑤ 조합의 어음행위는 조합의 성질상 조합원 전원이 기명날인 또는 서명을 하여야 하며, 대표조합원이 그 대표 자격을 밝히고 조합원 전원을 대리하여 서명한 경우라도 조합원 전원에 대한 유효한 어음행위가 될 수 없다.

해 설

① 타이핑 방식의 기명도 가능하다.

② 기명과 날인이 일치하지 않으면 기명을 기준으로 행위자를 판단한다.

③ 어음·수표법에서는 무인이나 지장에 의한 날인을 인정하지 않는다.

④ 본명이 아니어도 행위자를 특정할 수 있는 명칭이면 허용된다. (정답)

⑤ 조합원 전원이 기명날인을 하는 대신 대표조합원이 조합명칭과 대표자격을 밝히고 기명날인하면 조합원 전원을 대리한 어음행위로 인정된다. 다만 조합은 어음권리능력이 없기 때문에 위와 같은 경우에도 조합 자체가 어음행위의 효과를 귀속받을 수는 없다.

III

어음관계와 원인관계

어음·수표관계와 원인관계

1. 의　　의

어음·수표행위자와 상대방 사이에서 어음·수표행위가 이루어지게 된 내부적인 관계를 원인관계라 하며, 어음·수표행위자와 지급인 사이에서 지급위탁이 이루어지게 된 내부적인 관계를 자금관계라 한다.

2. 원인관계가 어음·수표관계에 미치는 영향 ☆☆

(1) 원칙: 무인성에 의하여 어음·수표관계는 원인관계와 엄격히 절연된채로 존재한다. ☆

(2) 예외

① 원인관계에서 대항할 수 있는 사유를 어음·수표관계에서도 인적항변으

로 대항할 수 있는 경우가 있다(어음법§17, 수표법§22). ☆

② 어음·수표관계가 소멸함으로써 원인관계상 부당이득을 취득하는 자에게는 이득상환청구권을 행사할 수 있다(어음법§79, 수표법§63).

3. 어음·수표관계가 원인관계에 미치는 영향 ☆☆☆

(1) 당사자 사이에 존재하는 기존의 원인채무 지급과 관련하여 어음·수표가 수수되는 경우, 이러한 어음·수표관계가 원인관계에 있는 기존 채무에 일정한 영향을 미치게 된다.

① 원인채무의 "지급에 갈음하여" 어음·수표가 수수된 경우

당사자 사이에 특별한 합의가 없는 한 지급을 위하여 또는 지급을 담보하기 위하여 어음·수표가 교부된 것으로 본다. 특히 은행의 자기앞수표를 교부한 경우에는 현금의 제공과 동일하게 볼 수 있으므로 지급에 갈음하여 교부된 것으로 볼 수 있다. 이때 원인채무는 대물변제의 법리에 의하여 소멸하고, 어음·수표채무만이 잔존하게 된다. ☆

② 원인채무의 "지급을 위하여" 어음·수표가 수수된 경우

어음·수표채무와 원인채무가 병존하나, 채권자는 어음·수표상의 권리를 먼저 행사하여야 한다. 이때 **판례**에 의하면 원인채무의 변제기보다 후의 일자가 만기로 된 어음의 교부를 받았다면, 원인채무의 지급을 어음 만기일로 유예하는 묵시적 의사가 인정된다. 다만 채무불이행 상태에서 원인채무의 지급을 위하여 어음을 발행할 때에는 그렇지 않다. ☆☆

③ 원인채무의 "지급을 담보하기 위하여" 어음·수표가 수수된 경우

어음·수표채무와 원인채무가 병존하고, 채권자는 선택적으로 행사 가능하다. ☆

(2) 어음·수표관계가 원인관계에 어떠한 영향을 미치는지 판단하기 위한 기준

① **원인관계상의 채무자가 어음·수표상 유일한 채무자인 경우**에는 어음·수표의 수수가 기존 원인채무의 담보를 위하여 이루어진 것으로 추정한다. ☆

② 다만 이러한 경우에도, 예외적으로 제3자방 지급어음에 있어서는 채무자는 어음의 지급에 충당하기 위하여 지급담당자에게 자금을 제공하고 있는 것이 보통이므로, 지급을 위하여 어음이 수수된 것으로 본다(ex. OO은행 OO지점을 지급담당자 내지는 지급장소로 지정한 경우). ☆☆

③ 반면 **원인관계상의 채무자가 어음·수표상 유일한 채무자가 아닌 경우**, 어음·수표수수는 기존 원인채무의 지급을 위하여 수수된 것으로 추정한다(ex. 제3자가 발행한 어음에 원인관계상의 채무자가 채권자에게 배서양도한 경우). ☆☆

(3) 어음·수표관계 해소에 의한 원인채무의 소멸 가능성

① 원인채무의 지급과 관련하여 어음·수표를 교부받은 채권자가 **어음금·수표금을 지급받으면** 원인관계상의 채무자는 그 채권자에 대하여 원인채무의 소멸을 주장할 수 있다(**판례**). ☆☆

② 반면에 소멸시효 등으로 어음·수표채무가 소멸한 것에 불과하다면 채권자는 원인채무의 이행을 청구할 수 있다(**판례**).

③ 어음·수표를 교부받은 채권자가 이를 제3자에게 양도하는 등 어음·수표를 통해 경제적 이익을 회수한 경우에는 **어음·수표의 최종소지인이 어음금·수표금을 지급받음으로써 채무자가 어음·수표상의 상환의무에서 벗어날 때 비로소 원인채무도 소멸한다**(**판례**). ☆

④ 어음·수표를 교부받은 채권자가 제3자에게 원인채권만을 양도한 경우에 '어음금·수표금의 지급으로써 원인채무도 소멸할 것'을 예정하고 있었던 사정은 그 채권양도통지 이전에 이미 존재하고 있었던 것이므로, 그 채권양도통지 후에 어음금·수표금의 지급이 이루어지더라도 이는 양도통지 후에 새로이 발생

한 사유로 볼 수는 없다. 따라서 **채무자는 원인채권의 양수인에 대하여 기존 원인채무의 지급을 위하여 교부한 어음·수표가 양도통지 이후에 결제되었다는 사유로써 그 원인채무의 소멸을 주장할 수 있다**(**판례: 도표 III-1**). ☆

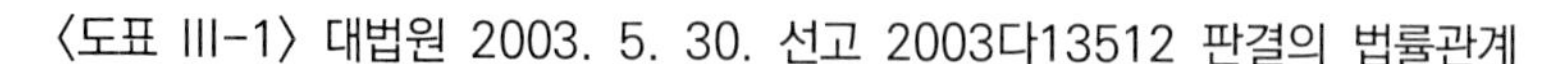
〈도표 III-1〉 대법원 2003. 5. 30. 선고 2003다13512 판결의 법률관계

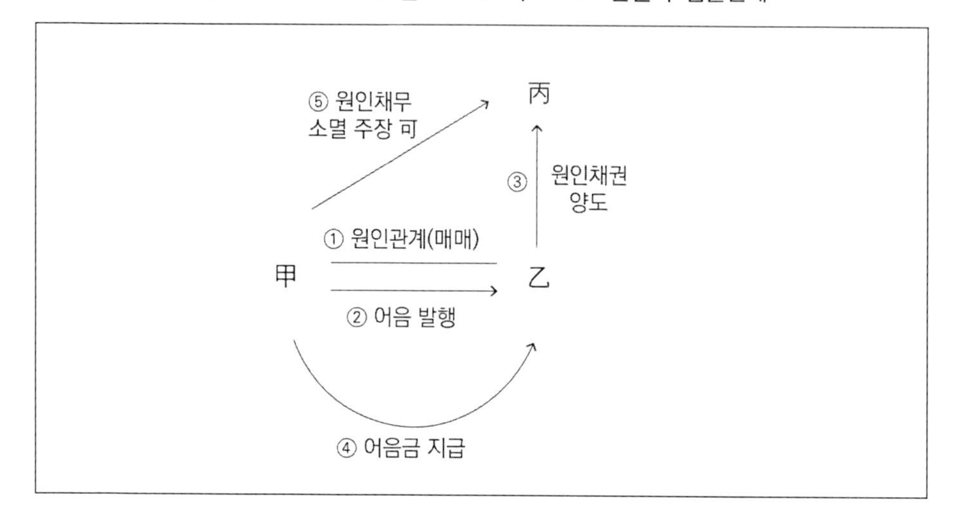

(4) 원인채무의 이행과 어음·수표의 반환 사이의 관계

① 어음·수표를 교부받은 채권자에게 원인채무가 이행되어 소멸하더라도 무인성에 의하여 어음·수표채무는 영향을 받지 않는다. ☆

② 채무자가 이중지급의 위험을 부담하지 않도록, 채무자는 원인관계상의 채권자에 대하여 **어음·수표의 반환 없는 원인채무의 지급청구를 거절할 수 있다**(**판례**). ☆☆

③ 다만 어음·수표상의 권리가 시효완성으로 소멸하여 이중지급의 위험이 없다면 동시이행항변을 인정할 필요가 없다(**판례**). ☆

④ 원인채권과 어음 반환청구권이 쌍무계약 관계에 있는 것은 아니므로, 채무자가 어음의 반환이 없음을 이유로 원인채무의 변제를 거절할 수 있는 권능을 가진다고 하여 '채권자가 어음의 반환을 제공하지 아니하면 채무자에게 적법한 이행의 최고를 할 수 없다'고 할 수는 없고, **채무자는 원인채무의 이행기를 도과**

하면 원칙적으로 이행지체의 책임을 지는 것인바 채무자가 어음·수표를 반환받지 않았음을 이유로 동시이행의 항변권을 행사하여 지급을 거절해야 이행지체의 책임을 면할 수 있다(판례). ☆☆

(5) 어음·수표 반환시 채권자의 과실로 상환청구권을 보전하지 못하거나 시효소멸된 경우

① 원인채무의 지급을 위하여 어음·수표를 교부받은 채권자(D)가 채무자(C)에게 원인채권을 행사하려면 어음·수표를 채무자에게 반환해야 하므로, 채권자는 채무자에게 자기의 원인채권을 행사하기 위한 전제로서 지급기일에 어음을 적법히 제시하여 상환청구권 보전절차를 취할 의무가 있다(판례). ☆☆

② 채권자(D)가 적법한 지급제시를 하지 않아서 다른 상환의무자(B)에 대한 상환청구권이 상실되었더라도, 어음·수표를 반환받은 채무자(C)는 발행인(A)에 대한 어음채권이나 원인채권을 행사하여 자기 채권의 만족을 얻을 수 있기 때문에 아직 손해가 발생한 것은 아니다(판례). ☆

③ 다만 지급기일 후에 어음발행인(A)의 자력 악화라는 특별 사정으로 인하여 채무자(C)가 자신의 채권을 이행받지 못하는 손해가 발생할 수 있다. 이 경우 상환청구권 보전의무를 불이행한 어음소지인(D)이 어음의 지급기일 당시에 장차 어음발행인(A)의 자력이 악화될 것임을 알았거나 알 수 있었다면, 채무자(C)는 위 특별손해에 대한 배상채권으로 채권자(D)의 원인채권과 상계할 수 있다(판례). ☆

(6) 원인채권과 어음·수표채권의 소멸시효 중단 가능성

① 원인채권에 관하여 소를 제기한 것으로는 어음·수표채권 자체를 행사한 것으로 볼 수 없고, 어음·수표채권의 소멸시효 중단사유에 해당하지 않는다(판례). ☆☆

② 원인채권의 지급을 (담보하기) 위하여 어음·수표가 수수된 당사자 사이에서, 채권자가 (i) 어음·수표채권을 피보전권리로 하여 가압류하거나, (ii) 어음·수표채권을 청구채권으로 하여 압류하거나, (iii) 어음·수표채권에 관한 집행력있는 채무명의 정본에 의하여 배당요구하는 경우에는 **원인채권의 소멸시효가 중단된다**(판례). ☆

〈도표 III-2〉 원인관계의 법리 정리

<table>
<tr><th>전제조건</th><th>어음수수 유형</th><th>원인채무에 대한 영향</th><th>특징</th><th>어음상 권리를 먼저 행사할 경우</th><th>원인채무를 임의로 선이행할 경우</th><th>시효의 중단</th></tr>
<tr><td>① 특별한 합의
② 자기앞수표</td><td>지급에 갈음하여</td><td>원인채무 소멸</td><td>대물변제 법리로 어음상 권리만 잔존</td><td colspan="3">N/A</td></tr>
<tr><td>① 제3자방 지급어음
② 어음채무자가 복수인 경우</td><td>지급을 위하여</td><td>원인채무 병존</td><td>어음상 권리 먼저 행사해야 함

(+원인채권의 변제기 유예 묵시적 합의)</td><td rowspan="2">① (양자관계에서) 채권자에게 어음금 지급하면 원인채무 소멸
② 제3자에게 원인채권을 양도했더라도, 어음금 지급하면 원인채무도 소멸
③ 제3자에게 어음을 배서 양도했다면, 최종소지인이 어음금 지급받아서 채무자의 상환의무가 없어져야 원인채무도 소멸</td><td rowspan="2">① 원인채무 소멸해도 어음채무에 영향없음(무인성)
−다만 채무자는 이중지급 위험 때문에 어음반환 없는 원인채무의 지급을 거절할 수 있음
② 동시이행의 항변으로 지급 거절하는 것이 아니라면 이행지체 책임 발생 可
③ 어음반환時 상환청구권 보전절차를 취할 의무○(위반시 특별손해 책임 상계)</td><td rowspan="2">원인채권 제소時 어음채권 시효중단×

어음채권 제소時 원인채권 시효중단○</td></tr>
<tr><td>① 원인채무자가 유일한 어음채무자</td><td>지급을 담보하기 위하여</td><td>원인채무 병존</td><td>선택적 행사 가능함</td></tr>
</table>

연습문제

Ⅲ-1. 가구 제조업을 하는 甲은 원자재 공급업자 乙로부터 1천만 원 상당의 목재를 납품받고 乙에게 아래와 같은 약속어음을 교부하였다. 이에 관한 설명 중 옳지 않은 것은? (다툼이 있는 경우 판례에 의함) **[2024년 변호사시험 기출]**

<앞면>

약속어음

甲 귀하

금 10,000,000원

위의 금액을 귀하 또는 귀하의 지시인에게 이 약속어음과 상환하여 지급하겠습니다.

지급기일	2023. 12. 5.	발행일	2023. 5. 1.
지급지	성남시 분당구 수내동 105	발행인	丙(종현소파) ㊛
지급장소	㈜효창은행 수내동 지점		

<뒷면>

앞면에 적은 금액을 乙 또는 그 지시인에게 지급하여 주십시오. 거절증서 작성을 면제함. 2023. 6. 20. 주소 부산 사하구 하단1동 123 성명 甲(경진가구) ㊚	

① 특별한 사정이 없는 한 甲은 乙에게 지급을 위하여 위 약속어음을 교부한 것으로 추정된다.

② 甲은 乙이 목재대금을 청구하면 원칙적으로 어음과 상환으로 지급하겠다는 동시이행항변을 할 수 있으나, 만약 어음상 권리가 시효완성

으로 소멸하여 甲에게 이중지급의 위험이 없고 甲이 다른 어음상 채무자에 대하여 권리를 행사할 수도 없는 경우에는 동시이행항변권이 부인된다.

③ 乙은 위 어음채권을 우선 행사하고 그에 의하여 만족을 얻을 수 없는 때 비로소 甲을 상대로 목재대금채권을 행사할 수 있다.

④ 乙이 필요한 소멸시효 중단 조치를 취하지 아니함으로써 어음상 권리의 소멸시효가 완성된 경우, 어음을 반환받은 甲이 丙에 대한 자신의 원인채권을 행사하여 자기 채권의 만족을 얻을 수 있다면 乙에게 손해배상청구권을 행사할 수 없다.

⑤ 丙이 가구대금의 지급을 위하여 甲에게 위 어음을 발행하였는데 그 후 가구매매계약이 해제되었다면, 丙은 이를 이유로 乙의 어음금 청구에 대항할 수 있다.

해설 Ⅲ-1

① 위 약속어음을 갑이 을에게 양도할 당시에 어음상 채무자는 배서인 갑 이외에 발행인 병도 존재하므로 특별한 사정이 없는 한 갑은 을에게 원인채무의 지급을 위하여 위 약속어음을 교부한 것으로 추정한다.

② 어음채무자(갑)는 원인관계상의 채권자(을)에 대하여 어음의 반환 없이는 원인채무의 지급을 거절할 수 있으나, 어음상 권리가 시효완성으로 소멸했기 때문에 이중지급의 위험이 없다면 동시이행항변을 인정할 필요가 없다.

③ 원인채무의 지급을 위하여 어음을 교부한 경우에 채권자(을)는 원인채권보다 어음상의 권리를 먼저 행사해야 한다.

④ 채권자(을)는 채무자(갑)에게 원인채권을 행사하려면 어음을 반환해야 하므로 원인채권 행사의 전제로서 어음의 소멸시효를 중단시켜서 어음상 권리를 보전할 의무가 있다. 다만 갑이 이를 소홀히 하여 어음이 시효소멸하였더라도 어음을 반환받은 을 발행인(병)에 대한 원인채권을 행사하여 자기 채권의 만족을 얻을 수 있다면 을에게 손해를 인정할 수 없다.

⑤ 병이 갑에게 인적항변으로 대항할 수 있더라도 갑으로부터 배서에 의하여 어음을 취득한 제3자에게 해의가 없는 한 대항할 수 없다. 배서에 의하여 인적항변은 절단되는 것이 원칙이기 때문이다. (정답)

연습문제

III-2. 원인채권과 어음채권의 관계에 관한 설명 중 옳지 않은 것은? (다툼이 있는 경우 판례에 의함) **[2021년 변호사시험 기출]**

① 기존 원인채무의 지급을 위하여 어음이 교부된 경우 채권자는 어음채권을 우선 행사해야 하고 그에 의하여 만족을 얻을 수 없는 때 비로소 채무자에 대하여 기존 원인채권을 행사할 수 있으며, 이러한 목적으로 어음을 배서양도받은 채권자는 특별한 사정이 없는 한 채무자에 대하여 원인채권을 행사하기 위하여는 어음을 채무자에게 반환하여야 하므로, 채권자는 자기의 원인채권을 행사하기 위한 전제로서 지급기일에 어음을 적법하게 제시하여 상환청구권 보전절차를 취할 의무가 있다.

② 기존 원인채무의 지급을 담보하기 위하여 어음이 발행되어 채권자가 그 어음을 유상 또는 무상으로 타인에게 배서양도하였다면 다른 특별한 사정이 없는 한 기존 채권의 채권자는 채무자에 대하여 기존 채무의 지급을 청구할 수 없다.

③ 기존 원인채무의 지급을 담보하기 위하여 어음이 교부된 경우 채권자가 어음채권의 소멸시효가 완성되기 전에 어음채권을 청구채권으로 하여 채무자의 재산을 압류함으로써 그 권리를 행사한 경우에는 그 원인채권의 소멸시효를 중단시키는 효력이 있다.

④ 기존 원인채무의 지급을 담보하기 위하여 어음이 발행되거나 배서된 경우 어음채권이 시효로 소멸되면 발행인 또는 배서인에 대하여 이득상환청구권이 발생한다.

⑤ 채권자가 기존채무의 변제기보다 후의 일자가 만기로 된 어음을 교부받은 때에는 특별한 사정이 없는 한 기존채무의 지급을 유예하는 의사가 있었다고 보아야 한다.

해설 Ⅲ-2

① 어음·수표 반환시 채권자의 과실로 상환청구권을 보전하지 못하거나 시효소멸된 경우에 관한 판례의 입장이다.

② 어음·수표를 교부받은 채권자(A)가 제3자에게 양도하는 등 어음관계로부터 경제적 이익을 회수한 경우에는 어음·수표의 최종소지인이 어음금·수표금을 지급받음으로써 채무자(B)가 어음·수표상의 상환의무를 면할 때 비로소 원인채무도 소멸한다(판례). 이때 최종소지인이 지급을 받지 못해서 B에게 상환청구를 한다면 B 입장에서는 다시 A에게 기존채무를 청구할 특별한 사정이 발생할 수 있다.

③ 원인채무와 관련하여 교부된 어음상의 권리를 행사하면 그 원인채권의 소멸시효가 중단된다(판례). 반면에 원인채권에 관한 소를 제기하더라도 어음채권의 소멸시효는 중단되지 않는다(판례).

④ 이득상환청구권이 발생하기 위한 요건으로서 어음소지인은 구제수단이 없어야 한다. 이때 판례는 어음·수표상 권리 및 민법상 구제수단까지 전부 소멸해야 한다는 입장(최광의설)이다. 따라서 본 지문에서 어음채권이 소멸하더라도 원인채권이 남아있는 이상 이득상환청구권은 발생할 수 없다. (정답)

⑤ 기존 원인채무의 지급을 위하여 어음이 교부된 경우에 채권자는 어음상의 권리를 먼저 행사하여야 하는바, 판례에 의하면 원인채무의 변제기보다 후의 일자가 만기로 된 어음을 교부하는 경우에는 원인채무의 지급을 어음 만기일로 유예하는 묵시적 의사를 인정한다.

Ⅳ

어음 · 수표항변

어음·수표항변

1. 의 의

(1) 개념

어음·수표항변이란 어음·수표 소지인의 권리행사에 대하여 채무이행을 거절하기 위해 채무자가 제출할 수 있는 일체의 사유를 의미한다.

(2) 물적항변

물적항변은 절단되지 않으며, 채무자가 모든 소지인에게 주장할 수 있는 항변이다.

① 증권상의 항변

증권상의 물적항변은 그 성질상 어음·수표 문언에 의하여 명백히 알 수 있는 사유이다. 예를 들어, (i) 어음·수표요건 흠결의 항변, (ii) 만기 미도래 및 소멸시효 완성의 항변, (iii) 문면상 명백한 지급·일부지급의 항변, (iv) 배서 불연속 또는 배서금지 문언의 항변 등이 있다. 물론 인적항변 사유에 불과한 것을 어음·수표에 기재하더라도 물적항변 사유가 될 수 있는 것은 아니다. ☆

② 비증권상의 항변

비증권상의 물적항변은 어음·수표 채무자의 이익을 보호할 필요성이 정책적으로 인정되는 특별한 사유이다. 따라서 해당 사유를 갖는 채무자에 한하여 주장할 수 있다. 예를 들어, (i) 의사무능력·제한능력의 항변, (ii) 위조·변조·무권대리의 항변, (iii) 권리보전절차 흠결의 항변, (iv) 제권판결의 항변, (v) 어음행위가 강행법규에 위반하였다는 항변 등이 있다. ☆

(3) 인적항변

① 의의

어음·수표 채무자와 인적 관계에 있는 특정 채권자 사이에서 어음·수표 외의 사유로 발생하는 항변이므로 소지인이 그 특정 채권자인 경우에만 주장할 수 있다.

예를 들어, 원인관계상 하자와 관련하여 (i) 원인관계의 부존재·무효·취소·해제의 항변 또는 (ii) 원인관계가 강행규정에 위반하여 무효라는 항변이 가능하고, 지급결제와 관련해서는 (i) 원인관계에서 대가가 지급되지 않았다는 항변, (ii) 지급유예 특약의 항변, (iii) 지급·면제·상계의 항변(어음·수표를 회수하지 않은 경우) 등이 있다. ☆

② 인적항변 절단의 원칙

기본적으로 민사 법리에 의한다면 양수인은 양도인이 양도하는 권리를 초과하여 취득할 수 없는 것이지만, 어음·수표법에서는 특별히 유통성 증진을 위하여 채무자가 자신의 직접 상대방이 아닌 새로운 소지인에게 인적항변으로 대항하지 못하도록 정하였다. 이를 인적항변 절단의 원칙이라 한다.

어음·수표에 표창된 권리외관을 믿고 거래한 자를 보호하기 위하여 법이 정책적으로 인정한 것(**정책설**)으로 이해한다.

어음법 第17조(인적 항변의 절단) 환어음에 의하여 청구를 받은 자는 발행인 또는 종전의 소지인에 대한 인적 관계로 인한 항변(抗辯)으로써 소지인에게 대항하지 못한다. 그러나 소지인이 그 채무자를 해할 것을 알고 어음을 취득한 경우에는 그러하지 아니하다.

수표법 第22조(인적 항변의 절단) 수표에 의하여 청구를 받은 자는 발행인 또는 종전의 소지인에 대한 인적 관계로 인한 항변(抗辯)으로써 소지인에게 대항하지 못한다. 그러나 소지인이 그 채무자를 해할 것을 알고 수표를 취득한 경우에는 그러하지 아니하다.

③ 인적항변 절단의 요건

어음소지인이 **어음법·수표법에 따른 유통방법**(배서 및 교부)에 의하여 어음·수표를 취득해야 어음법§17, 수표법§22에서 정한 인적항변 절단의 원칙이 적용된다.

반면에 (i) 상속, 합병과 같은 포괄승계, (ii) 기한후배서, 추심위임배서, 숨은 추심위임배서와 같은 특수배서에서는 그 특성상 인적항변의 절단이 적용되지 않는다.

④ 인적항변 절단의 예외: 악의의 항변

(i) 의의

어음·수표를 배서 등에 의해 양도받은 소지인이 채무자를 해할 것을 알고 어음·수표를 취득하였다면 인적항변이 절단되지 않는다. 따라서 어음·수표채무자는 소지인의 주관적 상태를 문제삼아서 악의의 항변으로 대항할 수 있다(어음법§17, 수표법§22).

(ii) 주관적 요건

어음소지인의 주관적 상태는 단순히 항변사유의 존재를 알았다거나 중과실로 몰랐다는 것으로는 부족하다. 즉 **자신이 어음·수표를 취득함으로써 항변이 절단되고 그 결과 채무자를 해할 수 있다는 사실까지 알았어야 한다**(해의설)는 것이 통설·판례이다. ☆

(iii) 판단시점

소지인의 해의 여부를 판단하는 시점은 **어음·수표의 취득시점**이다. 다만 어음·수표 취득시에는 항변사유가 존재하지 않았더라도, 소지인이 항변사유의 원인이 되는 사실을 알고 있었고 장래의 어음·수표의 권리행사 시점에 항변사유가 발생할 것까지 예상하였다면 악의의 항변이 가능하다.

(iv) 입증책임

어음소지인에게 해의가 있었는지에 대해서는 악의의 항변을 주장하는 **채무자가 입증**해야 한다(**판례**).

(v) 엄폐물의 법칙(shelter rule)에 의한 효과

기본적으로 민법상 선의취득 이후의 취득자는 완전한 권리를 승계취득하는 것이고, 설사 항변사유에 대하여 악의이더라도 완전한 권리를 승계하는바 채무자는 항변으로 대항할 수 없다. 같은 맥락에서 어음법·수표법상 인적항변의 절단에 대해서도 엄폐물의 법칙이 적용된다(**통설·판례**). **즉 인적항변이 일단 절단되었다면 엄폐물의 법칙에 의하여 그 후자에게 해의가 있는지 여부와 무관하게 완전한 권리를 승계하는 것이고, 채무자는 그에게 인적항변으로 대항할 수 없다.**

참고: 대법원 2015. 4. 9. 선고 2012다118020 판결

민법 § 449② 단서는 채권양도금지 특약으로써 대항할 수 없는 자를 '선의의 제3자'라고만 규정하고 있어 채권자로부터 직접 양수한 자만을 가리키는 것으로 해석할 이유는 없으므로, 악의의 양수인으로부터 다시 선의로 양수한 전득자도 위 조항에서의 선의의 제3자에 해당한다. 또한 선의의 양수인을 보호하고자 하는 위 조항의 입법 취지에 비추어 볼 때, 이러한 선의의 양수인으로부터 다시 채권을 양수한 전득자는 선의·악의를 불문하고 채권을 유효하게 취득한다.

2. 특수한 항변

(1) 광의의 인적항변(특수하게 절단되는 항변)

① 의의

앞서 검토한 인적항변은 어음법§17, 수표법§22에 근거하여 절단되는 것인데 반하여, 광의의 인적항변은 이와 달리 독자적인 근거에 의해 각기 다른 개별적인 요건이 적용되어 절단된다는 점에서 차이가 있다.

② 교부흠결의 항변

어음·수표의 효력발생시기와 관련하여 판례는 권리외관설에 의하여 보충된 교부계약설을 취하므로 이에 근거한 교부흠결의 항변이 가능하다. 즉 발행인은 교부흠결의 사정에 관하여 소지인에게 악의·중과실이 인정된다면 (해의가 없어도) 대항할 수 있다.

③ 백지보충권 남용의 항변

백지어음·수표가 부당하게 보충된 경우에는 어음법§10, 수표법§13에 근거한 백지보충권 남용의 항변이 가능하다. 즉 채무자는 백지보충권 남용의 사정에 관하여 소지인에게 악의·중과실이 인정된다면 (해의가 없어도) 대항할 수 있다. ☆

④ 자기계약·자기거래 금지위반의 항변

민법§124 또는 상법§398를 위반하였다면 이에 근거한 자기계약·자기거래 금지위반의 항변이 가능하다. 즉 채무자는 자기계약·자기거래의 사정에 관하여 소지인에게 악의·중과실이 인정된다면 (해의가 없어도) 대항할 수 있다.

⑤ 의사표시 하자의 항변에 대하여 광의의 인적항변으로 파악하는 통설과 달리 **판례**는 이를 어음법§17, 수표법§22가 적용되는 일반적인 인적항변으로 파악하기 때문에 소지인에게 해의가 없다면 대항할 수 없다. ☆

(2) 융통어음의 항변 ☆☆☆

① 개념

원인관계의 지급수단으로 어음이 교부된 것이 아니라, **타인의 자금융통을 목적으로** 어음행위를 한 경우이다. 상대방의 자금조달에 협조하기 위해 교부한 어음이므로 **대가 없이 교부**되는 것이 특징이다.

② 통상적 계약구조

일반적인 융통계약은 갑이 을에게 융통어음을 발행해주면 을이 융통어음을 활용하여 적절히 자금을 조달하였다가 융통어음의 만기가 도래하기 전에 이를 변제하고 융통어음은 회수하여 갑에게 지급제시가 이루어지지 않도록 조치해야 하는 것이다.

③ 효과

(i) 융통계약의 당사자 사이에서는 원인관계 없이 발행된 융통어음이라는 인적항변으로 대항할 수 있다. 즉 융통어음 발행자는 피융통자에 대하여 어음상의 책임을 부담하지 않는다(**판례**). ☆

(ii) 그러나 **융통어음이 일단 유통된 뒤에는 새로운 소지인이 융통어음이라는 점을 알면서 취득하였더라도 채무자는 대항할 수 없다. 이는 새로운 소지인이 기한후배서에 의하여 융통어음을 취득하였더라도 마찬가지이다**(**판례**). ☆☆☆

④ 이론적 근거

융통어음의 항변도 원칙적으로 어음법§17의 인적항변에 해당하는 것으로 보지만, 애초에 자금조달을 돕기 위해 대가 없이 발행한 것이므로 제3자가 '대가 없이 발행된 융통어음이라는 사정을 알았다'는 이유만으로는 해의를 인정할 수는 없다(**통설·판례**).

⑤ 예외적으로 다음과 같은 **<융통계약 위반의 항변>**은 제3자에게 대항할 수 있다.

(i) 갑이 을을 위하여 융통어음을 발행하였고 을은 갑에게 동일한 액면금액의 약속어음을 담보로 교부하였는데 을의 지급거절로 그 반대어음이 부도처리된 경우에, **융통어음을 취득한 병이 '자신이 융통어음을 취득하였다는 사실 및 그와 교환으로 교부된 반대어음이 지급거절되었다는 사실'을 양수 당시 알았다면** 갑은 병에게 이러한 사정을 가지고 대항할 수 있다(**판례: 도표** Ⅳ−1). ☆☆

〈도표 Ⅳ-1〉 대법원 1995. 1. 20. 선고 94다50489 판결의 법률관계

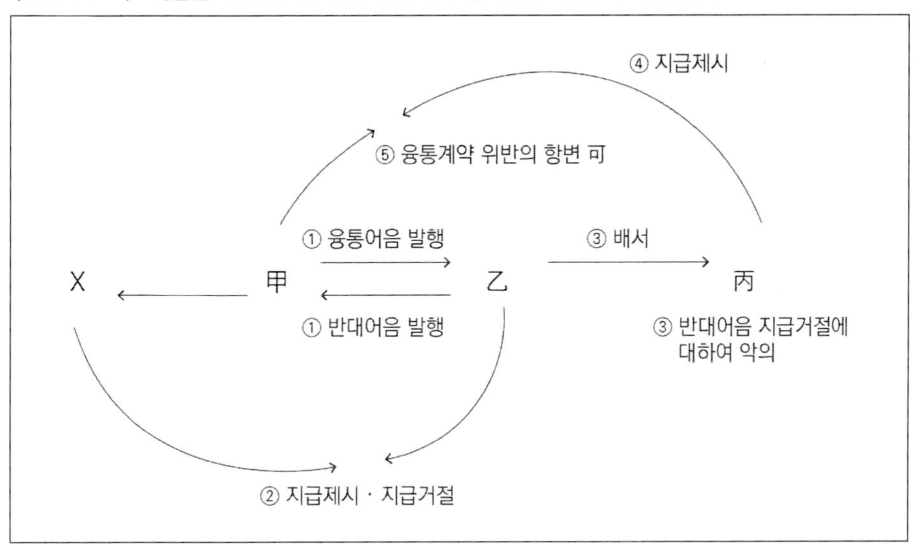

(ii) 갑이 을의 자금융통을 도울 목적으로 어음에 배서하여 을에게 교부한 상황에서, 자금조달의 목적을 달성한 을이 융통어음을 반환받은 뒤에는 갑의 배서를 말소해야 할 것임에도 불구하고 을이 갑의 배서가 있는 융통어음을 다시 병에게 배서양도한 경우에, **융통어음을 취득한 병이 '자신이 융통어음을 취득하였다는 사실 및 융통어음의 목적을 달성한 이후에 재사용되는 것이라는 사실'을 양수 당시 알았다면** 갑은 병에게 이러한 사정을 가지고 대항할 수 있다(**판례: 도표** IV-2). ☆☆

〈도표 IV-2〉 대법원 2001. 12. 11. 선고 2000다38596 판결의 법률관계

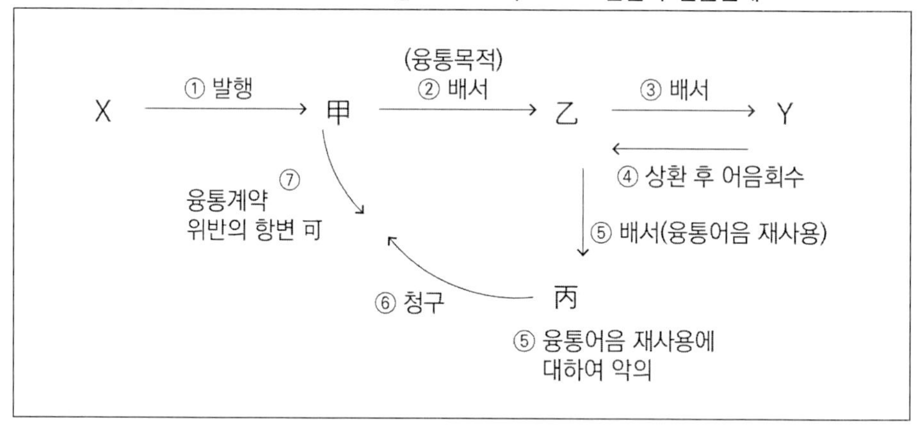

(3) 무권리의 항변

어음·수표의 소지인이 배서연속에 의한 형식적 자격이 인정되더라도 실제로 어음·수표상 권리를 취득하지 못하였다면 지급을 거절할 수 있다. 즉 **어음소지인의 실질적 무권리에 대해서는 모든 채무자가 무권리의 항변을 주장할 수 있다.** 예를 들어, 소지인이 습득·절도 등으로 어음·수표를 취득하였다면 배서가 연속되었더라도 승계취득 및 선의취득을 할 수 없으며 형식적 자격과 무관하게 실질적 무권리자에 해당한다.

3. 제3자의 항변 ☆

(1) 개관

① 어음·수표채무자 자신이 어음·수표소지인에게 갖고 있는 항변사유가 아닌 제3자가 가진 항변사유를 원용하여 주장하는 것을 제3자의 항변이라 한다.

② 제3자의 항변에 대해서는 항상 다음과 같은 논란이 발생한다.

(i) **인적항변 개별성론**은, 특수한 경우(증권상의 항변, 무권리의 항변)를 제외한다면, 어음·수표항변은 당해 항변사유를 갖는 특정 당사자만 주장할 수 있으므로 제3자의 항변을 부정하는 입장이다.

(ii) **권리남용론**은 인적항변의 개별성을 고수하는 것이 권리남용에 해당한다면 채무자가 다른 채무자에 관하여 생긴 항변사유를 주장하는 것을 허용할 수 있다는 입장이다.

(iii) 참고로 유인론(어음소지인의 원인관계가 소멸하였다면 실질적으로 어음상 권리를 취득할 수 없으며, 모든 채무자가 어음소지인에게 무권리의 항변을 주장할 수 있다는 견해)도 있으나 어음·수표의 본질적 성격인 무인성과 상충되는 문제가 있다.

(2) 후자의 항변

① 개념

갑이 을에게 어음을 발행하고 을이 병에게 어음을 배서양도하여 어음소지인 병이 발행인 갑에게 지급청구할 때, 갑이 자신의 후자인 을이 병에게 갖는 항변사유(예: 원인관계 소멸)를 원용하여 병에게 대항하는 것을 후자의 항변이라 한다.

② 학설 논의

(i) 인적항변 개별성론 입장에 의하면 을이 병에게 갖는 항변사유는 개별적으로만 효력이 있는 것이므로 갑이 이를 원용할 수 없다.

(ii) 권리남용론 입장에 의하면 어음소지인이 어음을 소지할 실질적 권한이 없음에도 불구하고 이를 반환하지 않고 권리를 행사하는 것이 권리남용에 해당할 수 있다(**다수설**).

③ 이에 관한 판례는 없다.

(3) 전자의 항변

① 개념

갑이 을에게 어음을 발행하고 을이 병에게 어음을 배서양도하여 어음소지인 병이 배서인 을에게 지급청구할 때, 을이 자신의 전자인 갑이 병에게 갖는 항변사유를 원용하여 병에게 대항하는 것을 전자의 항변이라 한다. 그런데 전자와 소지인 사이에 인적관계가 존재하기가 어렵고 우연적이어서 실제 사례가 발생하기 어렵다. 다만 어음·수표보증에서는 피보증인이 보증인의 전자에 해당하기 때문에, 보증인이 피보증인의 소지인에 대한 인적항변을 원용하는 상황이 문제될 수 있다.

② 학설 논의

(i) 인적항변 개별성론에 의하면 갑이 병에게 갖는 항변사유는 개별적으로만 효력이 있는 것이므로 을이 이를 원용할 수 없다.

(ii) 권리남용론에 의하면 실질적 권한없이 어음소지를 기화로 권리를 행사하는 것은 권리남용이다(**다수설**).

③ 판례의 입장

판례는 권리남용론의 입장을 취하는 것으로 평가된다. 즉 "장래의 채무를 담보하기 위해서 발행된 어음에 발행인을 위해서 어음보증이 되어 있는 약속어음을 수취한 사람은 어음을 발행한 원인관계상의 채무가 존속되지 않기로 확정된 때에는 특별한 사정이 없는 한 그때부터는 어음발행인에 대해서 뿐만 아니라 어음보증인에 대해서도 어음상의 권리를 행사할 실질적인 이유가 없어졌다 할 것이므로, 어음이 자기수중에 있음을 기화로 하여 어음보증인으로부터 어음금을 받으려고 하는 것은 신의성실의 원칙에 비추어 부당한 것으로서 권리의 남용에 해당한다."고 판시하였다(도표 Ⅳ-3).

〈도표 Ⅳ-3〉 대법원 1988. 8. 9. 선고 86다카1858 판결의 법률관계

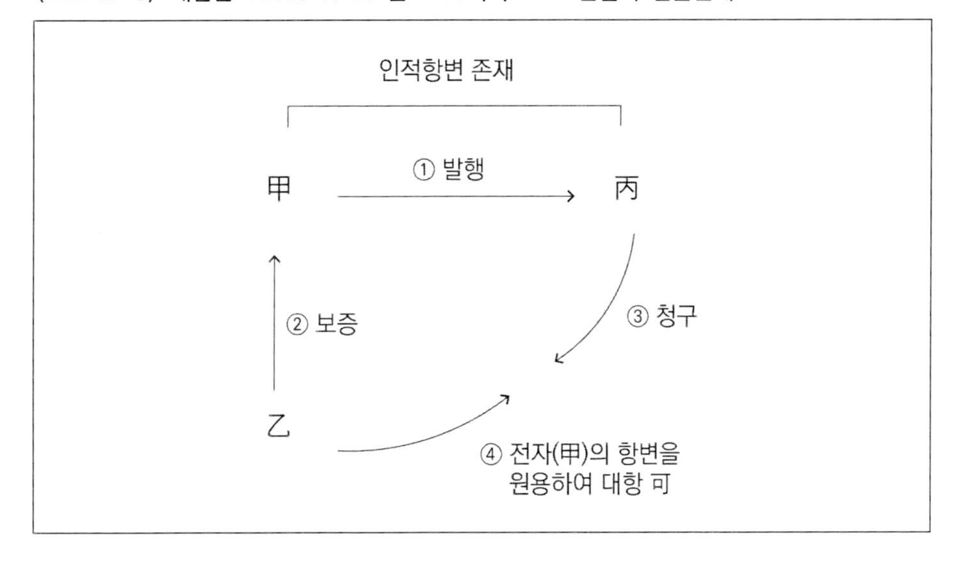

(4) 이중무권의 항변

① 개념

갑이 을에게 어음을 발행하고 을이 병에게 어음을 배서양도하여 어음소지인 병이 발행인 갑에게 지급청구할 때, 갑·을 사이에 인적항변사유가 존재하고 을·병 사이에도 인적항변사유가 존재한다는 것을 이유로 갑이 어음소지인 병에게 대항하는 것을 이중무권의 항변이라 한다.

② 학설 논의

(i) 인적항변 개별성론에 의하면 갑이 병에게 갖는 항변사유는 개별적으로만 효력이 있는 것이므로 을이 이를 원용할 수 없다.

(ii) 권리남용론에 의하면 실질적 권한없이 어음소지를 기화로 권리를 행사하는 것은 권리남용이다(**통설**).

③ 판례의 입장

판례는 어음소지인에게 어음금의 지급을 구할 경제적 이익이 없음을 근거로 이중무권의 항변을 인정한다. 즉, "인적항변을 제한하는 법의 취지는 어음거래의 안전을 위하여 어음취득자의 이익을 보호하기 위한 것이므로 자기에 대한 배서의 원인관계가 흠결됨으로써 어음소지인이 그 어음을 소지할 정당한 권원이 없어지고 어음금의 지급을 구할 경제적 이익이 없게 된 경우에는 인적항변 절단의 이익을 향유할 지위에 있지 않다. 어음의 배서인이 발행인으로부터 지급받은 어음금 중 일부를 어음 소지인에게 지급한 경우, 어음소지인은 배서인과 사이에 소멸된 어음금에 대하여는 지급을 구할 경제적 이익이 없게 되어 인적항변 절단의 이익을 향유할 지위에 있지 아니하므로 어음의 발행인은 그 범위 내에서 배서인에 대한 인적항변으로써 소지인에게 대항하여 그 부분 어음금의 지급을 거절할 수 있다."고 판시하였다.

연습문제

Ⅳ-1. 어음항변에 관한 설명 중 옳지 않은 것을 모두 고른 것은? (각 지문은 독립적이고, 다툼이 있는 경우에는 판례에 의함> **[2014년 변호사시험 기출]**

a. 갑이 무단으로 생면부지인 을 명의의 약속어음을 발행한 경우 을이 이를 추인하지 않는한 을은 수취인뿐만 아니라 그 후의 취득자에 대하여도 어음채무를 부담하지 않는다.

b. 갑이 물품매매대금 지급을 위해 을에게 약속어음을 발행하였으나 그 매매계약이 적법하게 해제되었음에도 을이 병에게 그 어음을 배서양도한 경우 병이 그 계약해제 사실을 중대한 과실로 알지 못한 때에는 갑은 이를 이유로 병에 대하여도 대항할 수 있다.

c. 갑회사가 수취하여 보관하던 약속어음을 그 직원이 권한 없이 대리인으로서 양도배서하여 을로부터 할인받은 경우 을이 그 무권대리에 관하여 선의이고 중대한 과실이 없는 때에는 을은 그 어음을 선의취득할 수 있다.

d. 갑이 어음소지인 을로부터 금액란이 백지인 약속어음을 교부·양도받으면서 발행인 병에게 아무런 확인을 하지 않은채 을의 지시에 따라 금액란을 보충하고 할인하여 준 경우 발행인 병은 그가 수여한 보충권한을 넘는 부분에 대하여는 갑에 대하여 어음채무를 부담하지 않는다.

e. 약속어음의 소지인 을이 만기에 이르러 발행인 갑에게 어음금을 청구하였으나 원인관계상의 사유로 지급을 거절당하자 그로부터 1개월이 경과한 후 병에게 배서 양도하여 병이 어음금 지급을 청구하는 경우 갑은 그 원인관계상의 사유로 대항할 수 없다.

① a, d
② b, e
③ a, c, d
④ b, c, e
⑤ b, d, e

해설

a. (O) 무권대리는 물적항변 사유이지만, 본인의 추인이 가능하다.

b. (X) 어음소지인(병)이 어음채무자(갑)을 해할 것을 알면서 어음을 취득한 것이 아니라면 인적항변은 절단된다. 따라서 갑은 을에 대한 인적항변으로 병에게 대항할 수 없다.

c. (O) 판례는 대리권의 흠결이나 하자가 있는 경우에도 선의취득을 인정한다.

d. (O) 백지어음을 취득하는 양수인이 양도인으로부터 잘못된 보충권 범위를 듣고 보충한 경우, 양수인이 백지어음 발행인에게 백지보충권의 내용에 대하여 아무런 조회를 하지 않았다면 부당보충에 대하여 중과실이 인정될 수 있다는 것이 판례의 입장이다. 이 경우 발행인(병)은 부당보충에 대하여 악의중과실이 있는 제3자(갑)에게 대항할 수 있다. 다만 발행인은 자신이 유효하게 수여한 보충권 범위 내에서는 어음채무를 부담한다.

e. (X) 지급제시기간(만기로부터 2거래일)을 경과한 후에 이루어진 배서는 기한후배서인바 인적항변 절단효과가 없다. 기한후배서의 피배서인(병)에 대하여 갑은 을에 대한 인적항변으로 대항할 수 있다.

V

어음 · 수표행위의 대리

어음·수표행위의 대리

1. 의의

(1) 형식적 요건

① 본인

절대적 현명주의에 의하여 본인이 표시되어야 한다. 즉 대리인으로서 행위하였음을 상대방이 알았거나 알 수 있었다면 대리를 인정하는 민법§115 단서 규정은 적용되지 않는다.

만약 본인 A를 표시하지 않은 채 B가 자기 명의로 C에게 어음을 발행하였다면, 어음상 표시되지 않은 A는 어음상 책임이 없고 B는 자신의 어음행위에 대하여 개인적으로 책임을 부담해야 한다. 다만 B는 C와의 원인관계에서 민법§115 단서의 사유에 해당함을 인적항변으로 삼아서 대항할 수 있다.

② 대리관계

대리관계가 표시되어야 한다. 반드시 대리라고 기재하지 않더라도 '본인을 위해서 어음·수표행위를 한다'는 취지를 인식할 수 있을 정도이면 충분하다(**판례**). ex. <A주식회사 대구영업소장 B [B의 印]>, <A주식회사 이사 B [B의 印]> ☆

③ 대리인

대리인의 기명날인 또는 서명이 필요하다.

(2) 실질적 요건

① 대리권의 내부적 제한을 위반하였다면 무권대리 등이 문제된다.

② 자기계약 및 쌍방대리 금지규정(민법§124)을 위반하였다면 당사자 사이에서는 어음·수표행위가 무효이다. 다만 직접 상대방이 아닌 선의의 제3자에 대해서는 무효를 주장할 수 없다(**상대적 무효설; 통설**).

③ 자기거래 금지규정(상법§398)을 위반하였다면 당사자 사이에서는 어음·수표행위 무효이다. 다만 직접 상대방이 아닌 선의의 제3자에 대해서는 무효를 주장할 수 없다(**상대적 무효설; 판례**).

2. 표현대리

(1) 민법상의 표현대리

① <판례>는 직접적인 거래상대방을 기준으로 표현대리 성립여부를 판단한다(직접상대방 한정설). ☆☆

② 직접 거래상대방이 선의여서 표현대리 책임이 성립하였다면, 그 후자인 제3취득자도 직접 거래상대방의 표현대리 성립을 원용하여 본인 등에게 청구할 수 있다. ☆

③ 직접 거래상대방이 악의여서 표현대리 책임이 성립하지 않았다면, 그 후자인 제3취득자가 선의라도 본인은 무권대리의 무효로 제3취득자에게 대항할 수 있다. 다만 선의취득한 제3취득자는 무권대리인 및 다른 어음채무자에게 청구할 수 있다. ☆

(2) 상법상의 외관법리

① <판례>는 직접 상대방 이후의 제3취득자에 대해서도 표현대표이사 책임의 성립을 인정한다(제3취득자 포함설). ☆☆

② 직접 거래상대방이 선의여서 표현대표이사 책임이 성립하였다면, 그 후자인 제3취득자도 본인 등에게 청구할 수 있다.

③ 직접 거래상대방이 악의여서 표현대표이사 책임이 성립하지 않았더라도, 제3취득자는 본인이 선의임을 이유로 본인에게 직접 표현대표이사 책임을 물을 수 있다. ☆

(3) 표현대리 관련 책임의 부담

① 본인: 어음·수표책임을 부담한다.

② 표현대리인: 무권대리인의 책임(어음법§8, 수표법§11)을 부담한다(**통설**). ☆

③ 본인과 표현대리인의 책임이 어떤 관계에 있는지 논란이 있다.

어음소지인은 (i) 본인과 표현대리인에게 중첩적으로 책임을 물을 수도 있겠으나(**중첩설**), (ii) 자력이 있는 어느 일방에 대해서만 책임을 추궁하면 충분하다(**택일설**).

(4) 표현대행

① 대행 및 무권대행의 개념

대리문구를 어음에 기재하지 않고 직접 본인 명의로 어음행위를 하는 서명대리의 방식을 대행이라 한다. 반면 본인의 수권없이 이루어진 대행은 **무권대행**이며 위조에 해당한다. ☆

② 표현대행 책임의 인정

무권대행임에도 불구하고, 제3자가 어음행위를 실제로 한 자에게 그와 같은 어음행위를 할 수 있는 권한이 있다고 믿을 만한 사유가 있고(신뢰의 정당한 이유), 본인에게 책임을 질 만한 사유가 있는 때(귀책사유)에는 대리방식에 의한 어음행위의 경우와 마찬가지로 민법상의 표현대리 규정을 유추적용하여 본인에게 그 책임을 물을 수 있다(**판례**). 이를 **표현대행 책임**이라 한다. ☆

3. 무권대리

(1) 성립요건

본인이 (i) 대리권을 수여하지도 않고, (ii) 표현대리 책임도 성립하지 않으며, (iii) 추인하지도 않았어야 한다.

어음법 제8조(어음행위의 무권대리) 대리권 없이 타인의 대리인으로 환어음에 기명날인하거나 서명한 자는 그 어음에 의하여 의무를 부담한다. 그 자가 어음금액을 지급한 경우에는 본인과 같은 권리를 가진다. 권한을 초과한 대리인의 경우도 같다.

수표법 제11조(수표행위의 무권대리) 대리권 없이 타인의 대리인으로 수표에 기명날인하거나 서명한 자는 그 수표에 의하여 의무를 부담한다. 그 자가 수표금액을 지급한 경우에는 본인과 같은 권리를 가진다. 권한을 초과한 대리인의 경우도 같다.

(2) 무권대리 관련 책임의 부담

① 본인

(i) 스스로 추인하지 않는 한, 무권대리의 본인은 누구에게도 책임을 부담하지 않는 것이 원칙이다.

(ii) 다만 사용자책임이 인정된다면 본인에게 불법행위 손해배상책임을 물을 수 있다.

(iii) 만약 본인이 추인한다면 유효한 대리에 의한 것이므로 본인에게 어음금을 청구할 수 있다.

② 무권대리인

(i) 무권대리인은 본인에게 부담시키려던 어음상의 책임을 스스로 부담한다(어음법§8, 수표법§11). 이때 거래상대방 또는 제3취득자는 선의여야 한다. 한편 무권대리인은 본인의 항변을 원용할 수 있으나 자기 자신의 항변은 주장할 수 없다.

(ii) 어음소지인에게 어음채무를 이행한 무권대리인은 본인과 동일한 권리

를 갖는다. 즉 본인의 전자에게 상환청구권을 행사할 수 있다. 한편 상환청구를 받은 전자 입장에서는 본인 및 무권대리인에 대한 항변을 모두 주장할 수 있다. ☆

〈도표 V-1〉 무권대리의 법률관계

<table>
<tr><td>甲</td><td>발행
⟶</td><td>(본인)
乙</td><td>무권대리인
丙</td><td>배서
⟶</td><td>丁</td></tr>
<tr><td colspan="4">丙이 甲에게 청구할 때, 甲은
본인(乙)에 대한 항변으로 丙에게 대항 可
⟵
丙이 甲에게 청구할 때, 甲은
무권대리인(丙)에 대한 항변으로 丙에게 대항 可</td><td colspan="2"></td></tr>
<tr><td colspan="3"></td><td colspan="3">丁이 丙에게 청구할 때, 무권대리인(丙)이
본인(乙)의 항변을 원용하여 대항 可
⟵
丁이 丙에게 청구할 때, 무권대리인(丙)이
자신의 항변을 제기할 수는 없음</td></tr>
</table>

(3) 무권대리인에게 책임을 물을 경우에 누가 입증책임을 부담하는지 논란이 있다.

즉 (i) 어음소지인이 대리권의 흠결의 사실을 입증하여야 한다는 견해(**어음소지인 입증설**)도 있으나, (ii) 무권대리인이 대리권의 존재 또는 추인을 입증하지 못하면 어음금을 지급해야 할 것이다(**무권대리인 입증설**).

〈도표 V-2〉 무권대리 주장에 따른 입증책임 상황

<table>
<tr><td>(본인)
甲</td><td>무권대리인
乙</td><td>발행
⟶</td><td>어음소지인
丙</td></tr>
<tr><td colspan="4">① 丙이 甲에게 청구할 때 甲은 무권대리의 항변으로 대항할 수 있음
⟵
② 이때 어음소지인(丙)은 본인(甲)의 책임발생을 입증해야 함</td></tr>
<tr><td></td><td colspan="3">③ 丙은 무권대리인(乙)에게 책임을 추궁할 수 있음
⟵
④ 乙은 대리권을 수여받았다는 사실을 입증해야 함</td></tr>
</table>

4. 월권대리

(1) 의의

권한을 초과한 대리인(월권대리인) 역시 무권대리인으로서 책임을 부담한다(어음법§8 제3문, 수표법§11 제3문).

(2) 법리 검토의 순서

거래상대방이 대리권을 신뢰하였음에 정당한 이유가 있었다면 민법상 **표현대리**가 우선적으로 성립하여 본인에게 어음금 전액을 청구할 수 있는 반면, 거래상대방이 대리권을 신뢰하였음에 정당한 이유가 없다면 어음법상 **월권대리** 책임이 성립한다.

(3) 월권대리가 성립할 때 본인의 책임 범위에 관한 논란이 있다.

즉 (i) 본인은 책임을 부담하지 않고 월권대리인만이 전액 책임을 진다는 입장(**본인무책임설**), (ii) 본인은 수권범위 내에서만 책임을 지고, 월권대리인은 월권한 금액에 대해서만 책임을 진다는 입장(**책임분담설**)도 있으나, (iii) **본인은 수권범위 내에서만 책임을 지고, 월권대리인은 전액에 대하여 책임을 진다는 입장**(책임병행설)이 <통설·판례>이다. ☆

연습문제

V-1. 갑은 을에게 약속어음을 발행하였는데, 을의 직원인 X가 수권없이 을을 본인으로 표시하여 대리의 방식으로 어음을 병에게 배서양도하였고, 병은 다시 어음을 정에게 배서양도하였다. 이에 관한 설명 중 옳은 것을 모두 고른 것은? (다툼이 있는 경우 판례에 의함) **[2023년 8월 모의고사 기출]**

a. 을은 귀책사유가 없더라도 약속어음의 배서인으로서 어음의 문면에 드러나 있으므로 어음상 책임을 부담한다.
b. 을에게 귀책사유가 있어 표현대리가 성립함으로써 을의 어음상 책임이 인정되면 X는 어음상 책임을 부담하지 않는다.
c. 갑이 만기에 어음금 지급을 거절한다면 정은 X에 대하여 어음금지급책임을 물을 수 있다.
d. 정은 대리행위의 직접상대방이었던 병에 대하여 표현대리가 성립하였다는 사실과 그러한 병으로부터 어음을 양수하였다는 사실을 입증함으로써 을에게 어음상 책임을 물을 수 있다.
e. X가 정에게 어음금을 지급한 경우에는 갑에 대하여 어음상 권리를 가진다.

① a, b, c
② a, b, d
③ c, d, e
④ b, c, e
⑤ a, d, e

해설

a. (X) 을은 무권대리의 항변을 할 수 있으며 이는 물적항변에 해당하므로 누구에게도 어음상 책임을 지지 않는다.
b. (X) 본인에게 표현대리 책임이 성립하는 것과는 별개로 표현대리인에게는 무권대리인의 책임을 적용하는 것이 통설의 입장이다. 이때 본인의 책임과 표현대리인의 책임 사이의 관계는 중첩설 또는 택일설에 의한다.
c. (O) 무권대리인은 본인에게 부담시키려던 책임을 스스로 부담해야 하므로 본 지문에서 X는 배서인의 상환의무를 부담한다.
d. (O) 판례는 민법상의 표현대리 성립여부를 직접적인 거래 상대방(병)을 기준으로 판단한다. 이때 직접 거래 상대방과의 관계에서 표현대리가 성립하였다면 제3취득자(정)은 그 효과를 원용할 수 있다.
e. (O) 어음소지인(정)에게 어음채무를 이행한 무권대리인(X)은 본인과 동일한 권리를 가지므로 본인의 전자(갑)에게 상환청구권을 행사할 수 있다.

어음 · 수표법 강의

Ⅵ

어음·수표의 위조 및 변조

어음·수표의 위조 및 변조

1. 어음·수표의 위조

(1) 의의

어음·수표의 위조란 권한없는 자가 타인의 기명날인 또는 서명을 허위로 나타내어 마치 그 타인이 어음·수표행위를 한 것과 같은 외관을 만드는 것이다. 즉 무권대행에 의한 어음·수표행위를 말한다.

참고로 갑 명의의 기명날인 또는 서명을 권한 없이 을 명의로 변경한 경우, 갑에 대해서는 변조이지만 을에 대해서는 위조이다.

(2) 피위조자의 어음·수표책임

① 피위조자는 누구에게도 어음·수표상의 책임을 부담하지 않는 것이 원칙이다. ☆

② <판례>는 무권대행(위조)에 대해서도 추인이 가능한 것으로 유추적용한다. ☆

③ 피위조자가 위조자에 대하여 위조의 기회를 주었거나 계속 추인하여 지급해왔다는 등 피위조자에게 귀책사유가 인정된다면 민법·상법상 표현책임을 유추적용하여 **표현대행**으로 인정될 수 있다(**통설·판례**).

(3) 피위조자의 불법행위책임

① 위조자의 어음·수표위조에 **사무집행 관련성**이 있다면 사용자책임(민법§756)이 성립할 수 있다. ☆

② 어음법·수표법에서 정한 상환청구권 보전 등의 요건을 갖추지 못하더라도 민법상 사용자책임의 성립에 지장이 없다(**판례**). ☆

③ 소지인의 손해는 **어음·수표의 취득시에 지급한 대가의 상실**이다(**판례**). 어음금액·수표금액을 전부 손해로 인정하는 것이 아니다. ex. 어음할인 과정에서 거래당사자가 실제로 출연한 할인금액 상당액에 대하여 손해배상청구할 수 있다. ☆☆

④ 어음·수표의 취득 과정에서 소지인에게 과실이 있다면 **과실상계**가 가능하다(**판례**). ☆

(4) 위조자의 책임

위조자의 기명날인 또는 서명은 없으므로 문언성에 의해 위조자 책임을 부정하는 견해도 있으나, 무권대리와 기본구조가 동일하므로 어음법§8, 수표법§11를 유추적용하여 위조자에게 책임을 인정함이 타당하다. 피위조자에게 귀책사유가 인정되어 표현대리가 성립하더라도 위조자는 여전히 책임을 부담한다. ☆

(5) 위조어음·수표 위에 기명날인 또는 서명을 한 자

위조된 어음행위가 있더라도 어음·수표요건을 갖춘 이상 형식적으로는 유효한 어음·수표이다. 그렇다면 **어음·수표행위 독립의 원칙**이 적용되어야 한다.

즉 위조어음·수표 위에 기명날인 또는 서명을 한 자는 자신의 어음·수표행위에 따른 책임을 부담한다. ☆

(6) 위조어음·수표의 지급인

지급위탁에 관한 특별법규나 면책약관·상관습이 존재하는 경우를 제외하고는, **위조·변조된 환어음·수표에 대하여 지급해준 지급인은 설사 과실이 없더라도 피위조자에게 책임을 부담한다**(**판례**). 이 경우 지급인은 소지인에게 지급한 금액에 대하여 부당이득 반환청구를 할 수 있다.

(7) 위조의 입증책임

① 위조 사실을 누가 입증할지에 관한 논란이 있다. 즉 (i) 어음법 § 16①(자격수여적 효력)에 의하여 어음·수표의 점유자는 적법한 소지인으로 법률상 추정되므로 피위조자가 입증책임을 부담한다는 입장, (ii) 입증책임의 일반원칙에 의한다면 권리주장자가 요건사실을 입증해야 하므로 어음소지인이 입증책임을 부담한다는 입장(**통설**)이 있다.

② 이에 대하여 <**판례**>는, 어음법 § 16①은 어음상의 청구권이 적법하게 발생한 것을 근거로 그 권리의 귀속을 추정하는 규정일 뿐 그 권리의 발생 자체를 추정하는 규정은 아니므로, 어음상 어음채무자로 기재되어 있는 사람이 위조를 주장하는 경우에는 그 사람에 대하여 어음채무의 **이행을 청구하는 어음소지인이 그 기명날인이 진정한 것임을 증명하여야 한다**고 요구한다(대법원 1993. 8. 24. 선고 93다4151 전원합의체 판결). ☆☆

2. 어음·수표의 변조

(1) 의의

① 개념

어음·수표의 변조란 권한 없는 자가 어음·수표의 내용을 변경하는 것이다. 다만 필요적 기재사항을 삭제하면 어음·수표의 효력을 상실하게 된다. 어음·수표행위자가 자신이 기재한 내용을 변경할 때에도 이에 의하여 권리의무에 영향을 받는 모든 이해관계자의 동의를 받지 않으면 변조가 된다(판례). ☆

② 구체적 적용사례

(i) 권한 없는 제3자가 약속어음에 기재된 지시금지의 문구 위에 고의로 인지를 붙인 경우에는 약속어음의 내용을 알 수 없게 한 것이어서 변조에 해당한다(판례). ☆

(ii) 어음발행 후에 발행인의 상호가 변경되어 어음소지인이 발행인란의 기명 부분 중 발행인의 구상호를 지우고 신상호를 기재한 경우에는 객관적 동일성이 유지되므로 변조가 아니다(판례). ☆

(iii) 수취인이 백지인 어음에 갑이라고 보충하였다가 A주식회사 대표이사 갑이라고 변경한 것은 단순 착오기재를 정정한 것에 불과하며, 어음행위 당사자의 목적에 부합하고, 다른 이해관계자의 권리의무에 영향이 없으므로 어음의 변조에 해당한다고 볼 수 없다(판례). ☆

(2) 변조 관련책임

① 변조 前에 기명날인 또는 서명한 자는 변조 前의 문구에 따른 책임만을 부담한다. ☆☆

② 변조 後에 기명날인 또는 서명한 자는 어음행위 독립의 원칙상 자기 어음행위에 따른 책임을 부담한다. ☆☆

③ 변조자의 책임

(i) 변조자가 어음상 기명날인 또는 서명을 한 경우에는 변조 後의 문구에 따른 책임을 부담한다. ☆

(ii) 변조자가 기명날인 또는 서명 없이 변조만 하였다면 어음법§8, 수표법 §11를 유추적용하여 변조문구에 따른 책임을 부담한다.

(3) 지급인의 책임

특별법규나 면책약관·상관습이 존재하는 경우를 제외하고는, 변조 前에 기명날인 또는 서명한 자는 지급인에 대하여 변조로 인하여 초과 지급된 부분에 대하여 손해배상청구권을 행사할 수 있다. 이때 지급인은 소지인에게 부당이득반환청구권을 행사할 수 있다.

(4) 변조의 입증책임

변조 사실이 어음면상 명백한 경우에는 어음소지인이 입증책임을 부담하고, 변조 사실이 어음면상 명백하지 않은 경우에는 변조 사실을 주장하는 자(어음채무자)가 입증책임을 부담한다(판례). ☆☆

연습문제

VI-1. 甲은 乙에게 약속어음을 발행하였는데, 乙의 종업원 丙이 乙의 승낙을 받지 않고 이 약속어음에 乙 명의의 배서를 하여 丁에게 교부하였다. 丁은 이 약속어음을 戊에게 배서양도하여 현재 어음은 戊가 소지하고 있다. 丁과 戊는 丙이 乙의 승낙을 받지 않고 위 배서를 하였다는 사실을 알지 못하였고 이에 대하여 중대한 과실도 없다. 약속어음 문면상으로는 戊까지의 배서가 모두 연속되어 있는 상황에서, 법률관계에 관한 다음 설명 중 옳은 것은? (다툼이 있는 경우에는 판례에 의함) **[2013년 변호사시험 기출]**

① 乙로부터 丁으로의 실질적 권리이전이 없었기 때문에 戊는 어음의 적법한 권리자로 추정되지 않는다.
② 甲은 戊가 어음금을 청구하더라도 乙의 배서가 위조되었다는 이유를 들어 戊의 청구를 거절할 수 있다.
③ 甲이 어음금의 지급을 거절하여 戊가 乙에게 어음금의 상환청구를 하는 경우, 배서의 위조사실에 대한 증명책임은 乙에게 있다.
④ 戊가 甲에게 적법한 지급제시를 하지 아니하여 상환청구권 보전절차를 밟지 않았다고 하더라도 이는 戊가 丙의 사용자 乙에 대하여 민법 제756조의 불법행위책임을 묻는데 있어 장애가 되지 않는다.
⑤ 丁은 어음이 위조된 이후에 배서하였으므로 戊에 대하여 상환의무를 부담하지 않는다.

해설

① 배서의 형식적 연속이 인정될 경우에 어음소지인은 적법한 권리자로 추정될 수 있다. 이때 연속된 각 배서가 형식적으로 유효한지 여부로 판단하며, 실질적 권리이전을 검토하는 것은 아니다.

② 원칙적으로 위조의 항변은 피위조자가 주장할 수 있는 것이다. 본 지문에서는 갑이 후자(을)의 항변을 하려는 것으로 보이는데, 이론상으로는

가능할 수도 있겠으나 후자의 항변은 판례로 인정된바 없다.

③ 어음채무자가 위조의 주장을 한다면 어음채무의 이행을 청구하는 어음 소지인은 어음채무자의 기명날인이 진정한 것임을 입증할 책임을 부담한다는 것이 판례의 입장이다.

④ 어음법·수표법상의 상환청구권 보전 여부와 무관하게 민법상의 사용자 책임을 주장할 수 있다. (정답)

⑤ 어음행위 독립의 원칙에 의하여 선행하는 어음행위가 위조된 사정이 있더라도 형식적으로 유효한 어음인 이상 후행하는 어음행위의 효력은 독립적으로 발생한다.

어음 · 수표법 강의

VII

백지어음 · 수표

백지어음·수표

> **어음법 제10조(백지어음)** 미완성으로 발행한 환어음에 미리 합의한 사항과 다른 내용을 보충한 경우에는 그 합의의 위반을 이유로 소지인에게 대항하지 못한다. 그러나 소지인이 악의 또는 중대한 과실로 인하여 환어음을 취득한 경우에는 그러하지 아니하다.

> **수표법 제13조(백지수표)** 미완성으로 발행한 수표에 미리 합의한 사항과 다른 내용을 보충한 경우에는 그 합의의 위반을 이유로 소지인에게 대항하지 못한다. 그러나 소지인이 악의 또는 중대한 과실로 인하여 수표를 취득한 경우에는 그러하지 아니하다.

1. 의의

(1) 개념

백지어음·수표란, 어음행위자가 나중에 소지인으로 하여금 어음·수표요건의 일부를 보충시킬 의사로 이를 고의로 기재하지 않은 상태에서, 어음·수표가 될 서면에 기명날인 또는 서명한 미완성의 어음·수표를 의미한다.

(2) 법적 성질

① 백지보충권의 행사로 완전한 어음·수표가 될 수 있다는 기대권을 표창한 특수한 유가증권으로 파악하는 것이 통설이다.

② 기본적으로 어음·수표의 효력은 인정되지 않는다. 따라서 인수제시나 지급제시를 할 수 없으며, 원칙적으로 제소도 적법하지 않다. 다만 변론종결 전까지만 보충하면 완성어음에 의한 제소로 인정한다(판례). ☆

cf. 백지어음 발행인의 어음반환청구권을 피보전권리로 하여 어음의 배서양도, 점유이전 기타 일체의 처분을 금지하는 가처분이 있더라도 백지보충과 지급제시 등 상환청구권 보전을 위한 조치는 허용된다. ☆

2. 요건

(1) 어음·수표요건의 흠결

흠결보충 규정과의 관계가 문제된다. 만약 고의로 기재하지 않았다면 흠결보충 규정이 적용될 수 없으며 백지어음이 된다. 즉 만기의 흠결이 보충되면 일람출급 어음이 될 것이나, 만기를 고의로 누락한 경우에는 백지어음이다(판례). ☆

(2) 백지보충권의 수여

① 나중에 백지를 보충시킬 의사로 백지보충권을 수여했는지 여부를 판단하기 위한 기준은 무엇인지에 대하여 논란이 있다. (i) 당사자의 합의 여부가 기준이라는 입장(주관설), (ii) 외관을 기준으로 해야 한다는 입장(객관설), (iii) 발행인의 의사를 기준으로 백지보충권 존부를 판단하되, 외관법리상 발행인에게 귀책사유가 있다면 선의취득자에게 대항할 수 없다는 입장(권리외관설; 통설)이 있다.

② <**판례**>는 입증책임의 문제로 해결한다. 즉 **발행인이 백지보충권의 수여가 없었다는 점을 입증하지 않으면 백지어음으로 추정된다.** ☆

3. 백지어음의 효력

(i) 유통단계에서는 **상관습법에 의하여 배서가 허용되고 수취인이 백지로 발행된 어음은 인도(교부)에 의하여 유효하게 양도될 수 있으며, 어음채무자를 해할 것을 알고 취득한 경우가 아니라면 인적항변이 절단되고, 제권판결 및 선의취득도** 인정되는바 일반 어음과 유사하게 취급한다. ☆☆

(ii) 결제단계에서는 완전한 어음이 아니므로 **지급을 청구할 수 없고, 상환청구권을 보전하는 효력도 인정되지 않는다.** ☆

(iii) 다만 시효중단을 위한 청구에서는 원래 완성어음을 제시할 필요가 없으므로, 백지어음에 의해서도 **시효중단의 효력은 발생한다.** ☆☆

4. 백지보충권의 행사

(1) 백지보충권의 의의

① 개념

백지보충권이란 백지어음의 흠결된 어음요건을 보충함으로써 완전한 어음으로 만들 수 있는 권능을 의미한다.

② 법적 성격

어음소지인의 일방적 행위로 보충권을 행사할 수 있다는 **형성권설**이 통설이다.

③ 발생 근거

별도의 보충권수여계약에 의하여 백지보충권이 발생한다는 어음외 계약설이 통설이다.

④ 한계

어음거래의 안전을 보호하기 위하여, 백지보충권의 합의를 위반하여 백지가 보충되었더라도 악의·중과실이 없는 제3자에게 대항할 수 없다(어음법 §10).

참고: 대법원 2008. 11. 27. 선고 2008다59230 판결

기판력은 당사자가 주장할 수 있었던 모든 공격방어방법에 미치는 것이므로, 백지보충권 행사의 주장은 특별한 사정이 없는 한 전소 판결의 기판력에 의하여 차단되어 허용되지 않는다. ☆

〈해설〉 어음금 청구소송에서 백지보충권을 행사하지 아니하였음을 이유로 패소 판결이 확정된 뒤에 백지보충권을 행사하여 다시 어음금 청구소송을 제기하는 것은 확정판결의 기판력에 저촉됨.

(2) 행사기간

① 일반적인 경우

(i) 주채무자에게 청구할 때: 소멸시효(만기로부터 3년) 내에만 보충되면 된다(판례). ☆

(ii) 일람출급 어음의 주채무자에게 청구할 때: 만기가 없는바, 발행일로부터 1년의 제시기간 이후 3년의 소멸시효 내에 보충되어야 한다.

(iii) 상환의무자에게 청구할 때: 지급제시기간 경과 전에 보충되어야 한다. ☆

② 만기가 백지인 어음의 경우

(i) 행사기간의 기준 시점인 만기가 백지이므로 다른 기준을 적용해야 할 텐데 이에 관한 논란이 있다.

(ii) 학설의 논의

형성권으로서 20년의 제척기간이 적용된다는 견해, 민사채권으로서 10년의 소멸시효가 적용된다는 견해, 어음에 관한 행위이므로 상사시효 5년이 적용된다는 견해, 보충권 수여의 원인채권의 성격에 따라서 민사채권(10년) 및 상사채권(5년)으로 구별하는 견해, 일람출급어음과 유사한 상태이므로 제시기간 1년을 허용하고 이후 소멸시효 3년을 적용(총 4년)하는 견해 등이 있다.

(iii) 판례의 입장

판례는 당장 보충권을 행사할 수 있는 것이므로 만기가 도래한 어음과 같이 3년의 소멸시효가 적용된다는 입장이다. ☆

③ 발행일이 백지인 수표의 경우

지급제시기간 경과전 보충되어야 하는데 발행일이 백지이므로 문제인데, ＜**판례**＞는 **백지보충권을 행사할 수 있는 때로부터 6개월**이 경과하면 시효로 소멸한다고 판시한다.

(3) 보충의 효과

① 백지 보충의 효과는 백지어음행위시로 소급하지 않으며, **보충시부터 장래에 향하여만 효력이 발생한다**(**통설·판례**). ex. 어음금 청구소송에서 변론종결 이전에 백지를 보충하면, 보충시점부터 이행지체 책임을 청구할 수 있다. ☆

② 다만 **백지어음상에 한 어음행위의 성립시기는 그 행위시이지** 보충시가 **아니다**(**통설·판례**). ex. A가 발행한 백지어음(만기 1966. 1. 20.)을 B가 C에게 1966. 1. 10. 배서양도하고 어음소지인 C가 1967. 8. 24.에 백지보충하였다면 B의 배서행위는 1966. 1. 10.에 성립하였는바 만기후배서 또는 기한후배서에 해당하지 않는다(**전합판결**). ☆☆

5. 백지보충권의 남용

(1) 원칙

① 보충권 합의를 위반한 부당보충에 관하여 악의·중과실 없이 취득한 제3자에게 대항할 수 없다(어음법§10). ex. 배서인이 백지를 보충하여 양도함을 알면서 취득한 경우, 부당보충의 가능성을 염려하여 보충권의 내용을 발행인에게 직접 확인하지 않았다면 양수인(선의)에게 중과실이 인정될 수 있다(**판례**). ☆

② 어음소지인의 악의·중과실은 채무자가 입증책임을 부담한다.

③ 악의·중과실인 어음소지인에게도 발행인은 자신이 유효하게 보충권을 수여한 범위 안에서 어음상 책임을 부담한다(**판례**). ☆☆

(2) 보충권의 범위를 오인하여 위반한 특수한 경우

① 양도인이 백지를 부당보충하여 제3자에게 양도한 위의 경우와 양수인이 양도인으로부터 잘못된 보충권 범위를 듣고 보충한 것은 본질적 차이가 없는 것으로 평가된다. 따라서 이 경우에도 어음법§10가 적용되는바, 악의·중과실 없이 보충한 제3자에게 대항할 수 없다(**통설·판례**). ☆

② 다만 금액이 백지인데 발행인에게 보충권 내용을 조회하지 않았다면 소지인에게 중과실 인정되기 쉽다(**판례**). ☆☆

연습문제

VII-1. A는 2021. 5. 3.(월)에 수취인을 B로, 어음의 만기는 2021. 8. 2.(월), 어음금액을 백지로 하되 1천만원 내에서 보충할 수 있는 권한을 수여하면서 약속어음을 발행하였다. B는 2021. 6. 21.(월)에 C에게 동 어음을 배서양도하였고, C는 2021. 7. 12.(월)에 D에게 다시 배서양도하였다. 아래의 설명 중 옳은 것은? (다툼이 있는 경우 판례에 의함) **[2022년 6월 모의고사 기출]**

① D가 2021. 8. 2.에 어음금액을 1천만원으로 보충하여 A에게 어음금 지급을 청구했다면, B의 C에 대한 배서, C의 D에 대한 배서행위의 성립시기는 2021. 8. 2.이다.

② D는 A에 대한 주채무 청구나 C에 대한 상환청구를 위해서 2021. 8. 2.부터 3년 내에만 보충권을 행사하면 된다.

③ 만일 D가 2021. 9. 1.에 어음금액을 보충하지 않고 A에게 어음금청구의 소를 제기했다면 주채무자에 대한 어음상 청구권의 소멸시효는 중단되지 않는다.

④ 만일 E가 D가 보유하고 있던 어음금액 백지상태의 어음을 절취하여 D의 명의로 F에게 배서양도했다면 F가 선의이고 무중과실이라 하더라도 어음을 선의취득할 수 없다.

⑤ 만일 B가 C에 대하여 원인관계의 소멸을 사유로 하여서 항변할 수 있다고 하더라도, 이러한 사유를 모르고 어음을 취득한 D에게는 그 사유로 항변할 수 없다.

해설

① 배서행위의 성립시기는 2021. 7. 12.이며, 백지보충 시점인 2021. 8. 2.은 효력발생시기이다.

② A의 주채무 책임을 물으려면 3년의 소멸시효 내에만 보충권을 행사하여 청구하면 된다. 그러나 D의 상환책임을 물으려면 지급제시기간 내에 적법한 지급제시를 해야 상환청구권을 보전할 수 있고, 백지어음으로는 적

법한 지급제시를 할 수 없기 때문에 그 전에 백지를 보충해야 한다. 따라서 만기(2021. 8. 2.)로부터 2거래일 내에 보충권을 행사하여 지급제시를 해야 한다.

③ 백지어음으로는 적법한 제소를 할 수 없으며, 적어도 변론종결 이전에는 백지를 보충해야 적법한 제소로 인정된다. 다만 본 지문에서 묻는 것은 소멸시효 중단효과가 있는지 여부인데, 백지어음으로도 소멸시효를 중단시킬 수 있다.

④ 백지어음도 어음과 같이 선의취득이 가능하다.

⑤ 배서에 의하여 백지어음을 취득한 자에게 해의가 없다면 인적항변이 절단된다. (정답)

어음 · 수표법 강의

VIII

어음 · 수표의 발행

어음·수표의 발행

1. 의 의

(1) 개념

어음·수표의 발행이란 법정요건을 기재하고 작성하여 수취인에게 교부하는 기본적 어음행위를 의미한다.

(2) 약속어음의 발행

발행인은 어음의 정당한 소지인에게 만기의 지급을 약속함으로써 주채무를 부담한다.

(3) 환어음의 발행

① 발행인은 (i) 어음의 정당한 소지인에게 만기에 어음금을 지급할 것을 지급인에게 위탁함과 동시에 (ii) 수취인에게는 어음금을 수령할 수 있는 권한을 수여한다. 이를 이중수권 행위라고 설명하기도 한다.

② 유의할 사항은 지급인에게 지급의무가 발생하는 것이 아니며, 지급인이 인수한 경우에 한하여 주채무를 부담한다는 점이다.

③ 지급인의 인수나 지급이 거절될 경우에 발행인은 **상환의무**를 부담한다(어음법§9①). 발행인은 인수를 담보하지 않는다는 내용을 어음에 기재할 수 있으나, 지급을 담보하지 않는다는 뜻으로 기재한 문구는 적지 않은 것으로 본다. ☆

(4) 수표의 발행

발행인은 (i) 수표의 정당한 소지인에게 만기에 수표금을 지급할 것을 지급인에게 위탁함과 동시에 (ii) 수취인에게는 수표금을 수령할 수 있는 권한을 수여한다. 이 역시 이중수권 행위이다. 수표에는 인수제도가 없으므로 지급인에게는 아무런 의무가 발생하지 않는다. 지급인의 지급이 거절될 경우에는 발행인이 **상환의무**를 부담한다(수표법§12).

2. 어음·수표요건

어음법 제1조(어음의 요건) 환어음(換어음)에는 다음 각 호의 사항을 적어야 한다.
1. 증권의 본문 중에 그 증권을 작성할 때 사용하는 국어로 환어음임을 표시하는 글자
2. 조건 없이 일정한 금액을 지급할 것을 위탁하는 뜻
3. 지급인의 명칭
4. 만기(滿期)
5. 지급지(支給地)
6. 지급받을 자 또는 지급받을 자를 지시할 자의 명칭
7. 발행일과 발행지(發行地)
8. 발행인의 기명날인(記名捺印) 또는 서명

어음법 제2조(어음 요건의 흠) 제1조 각 호의 사항을 적지 아니한 증권은 환어음의 효력이 없다. 그러나 다음 각 호의 경우에는 그러하지 아니하다.
1. 만기가 적혀 있지 아니한 경우: 일람출급(一覽出給)의 환어음으로 본다.
2. 지급지가 적혀 있지 아니한 경우: 지급인의 명칭에 부기(附記)한 지(地)를 지급지 및 지급인의 주소지로 본다.
3. 발행지가 적혀 있지 아니한 경우: 발행인의 명칭에 부기한 지(地)를 발행지로 본다.

수표법 제1조(수표의 요건) 수표에는 다음 각 호의 사항을 적어야 한다.
1. 증권의 본문 중에 그 증권을 작성할 때 사용하는 국어로 수표임을 표시하는 글자
2. 조건 없이 일정한 금액을 지급할 것을 위탁하는 뜻
3. 지급인의 명칭
4. 지급지(支給地)
5. 발행일과 발행지(發行地)
6. 발행인의 기명날인(記名捺印) 또는 서명

수표법 제2조(수표 요건의 흠) 제1조 각 호의 사항을 적지 아니한 증권은 수표의 효력이 없다. 그러나 다음 각 호의 경우에는 그러하지 아니하다.
1. 지급지가 적혀 있지 아니한 경우: 지급인의 명칭에 부기(附記)한 지(地)를 지급지로 본다. 지급인의 명칭에 여러 개의 지(地)를 부기한 경우에는 수표의 맨 앞에 적은 지(地)에서 지급할 것으로 한다.
2. 제1호의 기재나 그 밖의 다른 표시가 없는 경우: 발행지에서 지급할 것으로 한다.
3. 발행지가 적혀 있지 아니한 경우: 발행인의 명칭에 부기한 지(地)를 발행지로 본다.

어음법 제75조(어음의 요건) 약속어음에는 다음 각 호의 사항을 적어야 한다.
1. 증권의 본문 중에 그 증권을 작성할 때 사용하는 국어로 약속어음임을 표시하는 글자
2. 조건 없이 일정한 금액을 지급할 것을 약속하는 뜻
3. 만기
4. 지급지
5. 지급받을 자 또는 지급받을 자를 지시할 자의 명칭
6. 발행일과 발행지
7. 발행인의 기명날인 또는 서명

어음법 제76조(어음 요건의 흠) 제75조 각 호의 사항을 적지 아니한 증권은 약속어음의 효력이 없다. 그러나 다음 각 호의 경우에는 그러하지 아니하다.
1. 만기가 적혀 있지 아니한 경우: 일람출급의 약속어음으로 본다.
2. 지급지가 적혀 있지 아니한 경우: 발행지를 지급지 및 발행인의 주소지로 본다.
3. 발행지가 적혀 있지 아니한 경우: 발행인의 명칭에 부기한 지(地)를 발행지로 본다.

(1) 의의

필수적 기재사항(어음법§1, §75, 수표법§1)이 흠결되면 **어음·수표가 무효**이다. 이때 형식적 흠결이 있으므로 어음행위 독립의 원칙이 적용될 수 없으며 **후속행위도 무효**이다.

(2) 어음·수표문구

증권의 본문 중에 '위 금액을 이 환어음/약속어음/수표와 상환하여'라고 기재한다.

(3) 지급인

지급인의 명칭은 주체의 동일성을 인식할 수 있는 정도로 구체적이면 충분하다. 중첩적, 순차적으로 복수의 지급인을 기재할 수 있으나, 선택적 기재는 무효이다.

(4) 금원의 지급약속·지급위탁

> **어음법 제5조(이자의 약정)** ① 일람출급 또는 일람 후 정기출급의 환어음에는 발행인이 어음금액에 이자가 붙는다는 약정 내용을 적을 수 있다. 그 밖의 환어음에는 이자의 약정을 적어도 이를 적지 아니한 것으로 본다.
>
> **어음법 제6조(어음금액의 기재에 차이가 있는 경우)** ① 환어음의 금액을 글자와 숫자로 적은 경우에 그 금액에 차이가 있으면 글자로 적은 금액을 어음금액으로 한다.

> **수표법 제7조(이자의 약정)** 수표에 적은 이자의 약정은 적지 아니한 것으로 본다.
>
> **수표법 제9조(수표금액의 기재에 차이가 있는 경우)** ① 수표의 금액을 글자와 숫자로 적은 경우에 그 금액에 차이가 있으면 글자로 적은 금액을 수표금액으로 한다.

① '일정한 금액을 무조건 지급하겠다'는 취지여야 한다. 조건부로 기재되면 어음·수표가 **무효**로 된다.

② 이자를 포함시키려면 총액을 계산하여 전체금액에 합산해야 한다. 예외적으로 만기가 불확정적인 유형의 어음에서는 이자 총액을 미리 확정할 수가 없으므로 이율로 기재할 수 있다. 그 밖에 이자의 기재는 무익적 기재사항이다. ☆

③ 어음금·수표금을 표시한 문자와 숫자가 불일치할 경우에는 **문자를 기준**으로 한다.

(5) 만기

> 어음법 제33조(만기의 종류)
> ① 환어음은 다음 각 호의 어느 하나로 발행할 수 있다.
> 1. 일람출급
> 2. 일람 후 정기출급
> 3. 발행일자 후 정기출급
> 4. 확정일출급
>
> ② 제1항 외의 만기 또는 분할 출급의 환어음은 무효로 한다.

> 어음법 제34조(일람출급 어음의 만기)
> ① 일람출급의 환어음은 제시된 때를 만기로 한다. 이 어음은 발행일부터 1년 내에 지급을 받기 위한 제시를 하여야 한다. 발행인은 이 기간을 단축하거나 연장할 수 있고 배서인은 그 기간을 단축할 수 있다.
> ② 발행인은 일정한 기일 전에는 일람출급의 환어음의 지급을 받기 위한 제시를 금지한다는 내용을 적을 수 있다. 이 경우 제시기간은 그 기일부터 시작한다.

① '어음금이 지급될 날', '지급할 날', '지급기일', '지급일' 등으로 기재하면 된다.

② 만기는 명확해야 한다. 복수의 만기는 허용되지 않으며 분할출급을 기재하는 것은 **무효**이다. 어음 외의 사정을 고려해야 만기를 확정할 수 있는 경우에도 무효이다. 발행일 이전의 만기일도 **무효**이다.

③ 만기의 기재가 없을 경우 어음법은 **일람출급 방식**으로 간주함으로써 만기흠결이 보충되도록 규정한다(어음법§2 제1호).

④ 만기의 4가지 유형(어음법§33① 제1호~제4호)

(i) 일람출급: '지급제시'한 때에 만기가 됨

(ii) 일람후 정기출급: '인수제시'가 있은 후 일정한 기간이 경과하면 만기가 됨

(iii) 발행일자후 정기출급: 발행 이후 일정한 기간(3개월 등)이 경과하면 만기가 됨

(iv) 확정일출급: 확정적으로 기재된 일정한 날짜가 만기임

⑤ 만기를 정하기 위한 지급제시 및 인수제시의 기한

일람출급 어음의 지급제시는 발행일로부터 1년, 일람후 정기출급 어음의 인수제시는 발행한 날로부터 1년 이내에 이루어져야 한다. 발행인은 위 기간을 단축·연장할 수 있으나, 배서인은 단축만 할 수 있다. ☆

(6) 지급지

① 지급지 관할법원은 **배타적 관할권**을 갖는다(**판례**).

② 존재하지 않는 장소를 기재하거나, 선택적·중첩적으로 기재하면 어음·수표가 **무효**이다.

cf. 지급장소가 지급지 내에 소재하지 않는다면 지급장소의 기재가 **무효**이다.

③ 지급지의 기재가 없을 경우 어음법은 흠결이 보충되도록 한다. 즉 지급인 명칭에 부기된 장소, 발행지, 발행인 명칭에 부기된 장소, 지급장소 등이 지급지로 간주될 수 있다. ☆

(7) 수취인

① 어음에서는 수취인이 필요적 기재사항이므로 소지인출급식으로 발행하는 것은 불가능하다. 그러나 수표에서는 수취인을 기재하지 않아도 유효하므로 소지인출급식 발행이 가능하다. ☆

② 수취인의 명칭은 특정에 필요한 정도로 기재하면 충분하다.

③ 선택적·순차적 기재도 허용되지만 어차피 실제 소지인만 권리를 행사할 수 있다. 다만 중첩적 기재를 한 경우에는 공동으로 행사해야 한다.

(8) 발행일

발행일은 지급제시기간이나 소멸시효 계산의 기산점이 된다. 실제로 발행한 날과 발행일로 기재된 날이 불일치할 경우에 법적 효력은 문언상 **발행일을 기준**으로 한다.

cf. 장래의 날짜를 발행일로 기재하여 발행된 선일자수표도 유효하며, 발행일 이전에 지급제시할 수도 있다.

(9) 발행지

① 국제사법상 준거법을 정하는 기준으로 사용된다.

② 국내어음에서는 발행지에 별다른 의미가 없기 때문에 발행지를 기재하지 않은 어음도 유효하다(전합판결). ☆

③ 발행지 기재를 보충하지 않은 상태에서 지급제시해도 상환청구권이 보전된다(전합판결). ☆

참고: 대법원 1998. 4. 23. 선고 95다36466 전원합의체 판결

국내에서 어음상의 효과를 발생시키기 위하여 발행된 것으로 여겨지는 경우에는 발행지를 백지로 발행한 것인지 여부에 불구하고 국내어음으로 추단할 수 있다.

어음면의 기재 자체로 보아 국내어음으로 인정되는 경우에 있어서는, 발행지의 기재는 별다른 의미가 없는 것이고, 발행지의 기재가 없는 어음도 완전한 어음과 마찬가지로 유통·결제되고 있는 거래의 실정 등에 비추어, 이를 무효의 어음으로 볼 수는 없다.

(10) 발행인의 기명날인 또는 서명

① 발행인의 선택적·순차적 기재는 무효이다.

② 중첩적 기재시 공동발행인으로서 합동책임을 부담한다(판례).

(i) 소지인은 공동발행인 각자에게 어음금 전액을 청구할 수 있다. ☆

(ii) 1인이 지급하면 다른 공동발행인도 채무를 면하지만 구상권이 발생하지는 않는다.

(iii) 각 공동발행인에게 개별적으로 소멸시효를 중단시켜야 한다.

〈도표 VIII-1〉 어음·수표의 당사자 기재방식에 따른 효과 정리

	중첩적 기재	선택적 기재	순차적 기재
발행인	○	무효	무효
지급인	○	무효	○
수취인	○	○	○

3. 제3자방 지급문언 – 임의적 기재사항(유익적 기재사항)

어음법 제4조(제3자방 지급의 기재) 환어음은 지급인의 주소지에 있든 다른 지(地)에 있든 관계없이 제3자방(第三者方)에서 지급하는 것으로 할 수 있다.

수표법 제8조(제3자방 지급 기재) 수표는 지급인의 주소지에 있든 다른 지(地)에 있든 관계없이 제3자방(第三者方)에서 지급하는 것으로 할 수 있다. 그러나 그 제3자는 은행이어야 한다.

(1) 제3자방 지급방식

발행인·지급인의 영업소·주소가 아닌 다른 제3자의 주소에서 지급하는 것을 의미한다. 예를 들어, 지급장소를 하나은행 고대지점으로 기재할 수 있다. 특히 은행에서 제작한 어음용지에 작성된 어음(은행도어음)은 애초에 당해은행이 지급장소로 인쇄되어 있다.

(2) 지급장소에서의 지급제시

어음·수표의 소지인은 제3자방 지급문언에 의한 지급장소의 지급담당자에게 지급제시를 해야 상환청구권을 보전할 수 있다. 이때 지급담당자는 지급인·인수인·발행인을 갈음하여 지급 또는 지급거절을 할 수 있다.

cf. 이와 달리 인수제시는 지급인에게 해야 한다.

연습문제

VIII-1. A주식회사는 甲으로부터 5천만 원 상당의 가죽원단을 매수하고 그 대금 지급을 위하여 아래의 약속어음을 발행하였다. 당시 A회사와 甲은 어음의 기재와 상관없이 실제로는 5천만 원과 이에 대한 연 5%의 이자를 지급하기로 합의하였다. 이에 관한 설명 중 옳지 않은 것은? (다툼이 있는 경우 판례에 의함) **[2022년 변호사시험 기출]**

어 음

甲 귀하

금 60,000,000원(금 육천만 원정) 및 이에 대한 연 5%의 이자

위의 금액을 귀하 또는 귀하의 지시인에게 이 약속어음과 상환하여 지급하겠습니다.

- 지급기일: 2021년 4월 28일
- 지급지: 수원시 영통구 원천동
- 지급장소: 주식회사 우수은행 원천동 지점

- 발행일: 2020년 11월 30일
- 발행인: 서울시 서초구 서초동 법조빌딩 2층

A주식회사 대표이사 홍길동(인)

① 위 어음은 「어음법」상 '약속어음'이라는 글자를 표시하여야 하는 요건을 갖추었다.
② 위 어음은 '서울시 서초구 서초동 법조빌딩 2층'을 발행지로 본다.
③ 위 어음의 어음금액은 금 6천만 원과 이에 대한 '2021년 4월 28일'부터 연 5%의 이자를 계산하여 결정된다.
④ 만일 甲이 위 어음을 지급제시하지 않고 2021. 4. 29. 乙에게 배서양도하였는데, 乙이 A회사와 甲 사이에 이루어진 위 지급합의에 대하여 과실 없이 이를 알지 못하였다면, A회사는 어음금 지급을 청구한 乙에게 甲과의 위 지급합의를 가지고 대항할 수 없다.
⑤ 만일 丙이 위 어음의 앞면에 단순하게 기명날인 또는 서명만 하였다면, 丙은 A회사를 위하여 위 어음을 보증한 것으로 본다.

해설

① 약속어음 문구는 본문("위의 금액을 귀하 또는 귀하의 지시인에게 이 약속어음과 상환하여 지급하겠습니다") 중에 표시되어야 한다.

② 발행지가 적혀 있지 아니한 경우에는 발행인의 명칭에 부기된 장소를 발행지로 본다(어음법§2 제3호).

③ 만기를 확정할 수 있는 어음에서 이자의 기재는 무익적 기재사항에 불과하다. (정답)

④ A회사(발행인)와 갑 사이에 이자를 포함하여 지급한다는 합의가 있었다면 A회사는 갑에게 인적항변으로 대항할 수 있겠지만, 어음을 배서에 의하여 취득한 제3자와의 관계에서는 인적항변이 절단되기 때문에 대항할 수 없다. 을은 지급제시기간이 경과하기 전에 배서받았는바, 이는 인적항변 절단효가 없는 기한후배서가 아니라 일반 배서의 효력을 갖는 만기후배서에 해당한다. 즉 을은 만기후배서에 의하여 어음을 취득하였고, 합의 사실에 대하여 선의이기 때문에 A회사의 인적항변은 절단되었다.

⑤ 어음 앞면에 단순히 기명날인 또는 서명을 하였다면 발행인을 위한 보증으로 본다.

IX

인수 · 지급보증 · 보증

인수·지급보증·보증

1. 환어음의 인수

(1) 개념

환어음의 인수란 지급인이 주채무자로서 어음금의 지급채무를 부담하는 어음법상의 어음행위를 의미한다.

어음법 제21조(인수 제시의 자유) 환어음의 소지인 또는 단순한 점유자는 만기에 이르기까지 인수를 위하여 지급인에게 그 주소에서 어음을 제시할 수 있다.

어음법 제22조(인수 제시의 명령 및 금지)
① 발행인은 환어음에 기간을 정하거나 정하지 아니하고, 인수를 위하여 어음을 제시하여야 한다는 내용을 적을 수 있다.
② 발행인은 인수를 위한 어음의 제시를 금지한다는 내용을 어음에 적을 수 있다. 그러나 어음이 제3자방에서 또는 지급인의 주소지가 아닌 지(地)에서 지급하여야 하는 것이거나 일람 후 정기출급 어음인 경우에는 그러하지 아니하다.
③ 발행인은 일정한 기일(期日) 전에는 인수를 위한 어음의 제시를 금지한다는 내용을 적을 수 있다.

> 어음법 제23조(일람 후 정기출급 어음의 제시기간)
> ① 일람 후 정기출급의 환어음은 그 발행한 날부터 1년 내에 인수를 위한 제시를 하여야 한다.
> ② 발행인은 제1항의 기간을 단축하거나 연장할 수 있다.
> ③ 배서인은 제1항 및 제2항의 기간을 단축할 수 있다.

(2) 인수제시

① 인수제시란 어음소지인이 지급인에게 환어음을 제시하면서 인수를 청구하는 행위이다.

② 원칙적으로 어음소지인은 인수제시 여부를 자유롭게 선택할 수 있다.

③ 반드시 인수제시를 해야 하는 경우가 있다. 즉 (i) 일람후 정기출급어음의 만기확정을 위한 경우 및 (ii) 인수제시명령이 기재된 경우에 인수제시의무가 발생한다(§22①, §23①). 이때 인수제시를 이행하지 않으면 인수거절 및 지급거절에 의한 상환청구권을 상실한다(§53①, ②).

④ 인수제시를 금지할 수도 있다. 즉 발행인은 상환청구권 발생이 우려되면 인수제시금지를 기재할 수 있다(§22②). 반면에 제3자방 지급어음 또는 일람 후 정기출급 어음은 인수제시를 전면 금지할 수 없다(§22②但). 다만 기간을 정한 제한적 금지는 가능하다(§22③). ☆

(3) 인수제시의 시기

① 소지인 또는 점유자는 만기 전날까지 지급인에게 인수제시를 할 수 있다(§21).

② 지급인은 인수제시받은 다음 날 다시 제시할 것(유예)을 청구할 수 있다(§24).

③ 지급인의 유예청구가 있을 경우, 다음 날에도 제2의 인수제시가 거절되면 상환청구권을 행사할 수 있다.

(4) 인수의 방식

> **어음법 제25조(인수의 방식)**
> ① 인수는 환어음에 적어야 하며, “인수” 또는 그 밖에 이와 같은 뜻이 있는 글자로 표시하고 지급인이 기명날인하거나 서명하여야 한다. 어음의 앞면에 지급인의 단순한 기명날인 또는 서명이 있으면 인수로 본다.
>
> **어음법 제26조(부단순인수)**
> ① 인수는 조건 없이 하여야 한다. 그러나 지급인은 어음금액의 일부만을 인수할 수 있다.
> ② 환어음의 다른 기재사항을 변경하여 인수하였을 때에는 인수를 거절한 것으로 본다. 그러나 인수인은 그 인수 문구에 따라 책임을 진다.
>
> **어음법 제28조(인수의 효력)**
> ① 지급인은 인수를 함으로써 만기에 환어음을 지급할 의무를 부담한다.

① 정식인수: 환어음에 인수문구를 기재하고 지급인이 기명날인 또는 서명한다(§25① 제1문).

② 약식인수: 지급인이 어음 앞면에 기명날인 또는 서명만 하는 것도 가능하다(§25① 제2문).

③ 인수일자의 기재는 임의적 기재사항에 불과하다(§25②).

④ 부단순인수

(i) **일부인수를 하더라도 인수한 범위 내에서 유효하다**(§26① 제2문).

(ii) 내용을 변경하여 인수하는 **변경인수**는 원칙적으로 무효이므로 인수거절로 취급하여 다른 상환의무자에게 상환청구권을 행사할 수 있다. 다만 변경인수를 한 인수인에게는 **변경된 내용에 따라서 책임**을 물을 수 있다(§26②).

(iii) **조건부 인수**도 원칙적으로 무효이며 인수거절에 해당한다(어음법 §26① 제1문). 다만 조건부 인수를 한 인수인에게는 조건이 성취되었을 때 조건부 문언에 따른 책임을 묻는 것이 가능하다(**판례**).

(5) 효력

① 인수를 한 경우: 지급인은 인수인으로서 어음상 주채무를 부담한다.

② 인수를 거절한 경우: 어음이 신용을 상실하였으므로 어음소지인은 인수거절증서를 작성하여 상환의무자에게 만기 전이라도 상환청구를 할 수 있다(§43 제1호).

2. 수표의 지급보증

(1) 의의

수표의 지급보증이란 지급인이 지급제시기간 내에 제시된 수표의 지급을 약속하는 수표법상의 수표행위를 의미한다.

> **수표법 第53조(지급보증의 가능방식)**
> ① 지급인은 수표에 지급보증을 할 수 있다.
> ② 지급보증은 수표의 앞면에 "지급보증" 또는 그 밖에 지급을 하겠다는 뜻을 적고 날짜를 부기하여 지급인이 기명날인하거나 서명하여야 한다.
>
> **수표법 第54조(지급보증의 요건)**
> ① 지급보증은 조건 없이 하여야 한다.
> ② 지급보증에 의하여 수표의 기재사항을 변경한 부분은 이를 변경하지 아니한 것으로 본다.
>
> **수표법 第55조(지급보증의 효력)**
> ① 지급보증을 한 지급인은 제시기간이 지나기 전에 수표가 제시된 경우에만 지급할 의무를 부담한다.

(2) 방식

① 수표 앞면에 지급보증의 취지 및 일자를 기재하고, 기명날인 또는 서명을 해야 한다(§53).

② 부단순 지급보증

(i) 조건을 부가하거나, 내용을 변경하여 지급보증을 하는 것은 인정되지 않으며 무효이다.

(ii) 일부의 지급보증은 전액에 대한 지급보증으로 된다.

(3) 효력

지급보증인은 지급제시가 있을 것을 조건으로 1차적·최종적 지급의무를 부담한다. 지급보증인의 책임에 대해서는 1년의 소멸시효가 적용된다.

3. 어음·수표보증

(1) 의의

① 개념

어음·수표보증이란 어음·수표상의 채무를 담보할 목적으로 하는 부수적 어음·수표행위를 의미한다.

② 법적 성격

어음·수표보증은 피보증인을 상대방으로 하는 보증인의 **단독행위**에 해당한다. 따라서 어음·수표의 제3취득자는 어음보증의 표현대리를 주장할 수 있는 (민법§126 소정의) 제3자에 해당하지 않는다(**판례**). ☆

③ 참고 개념: 숨은 어음·수표보증

당사자 사이에서는 실질적으로 보증의 효과를 의도한 것임에도 불구하고, 외형적으로는 어음·수표의 발행·배서·인수 등의 형식을 취하는 경우가 있다. 이 경우에도 문언증권의 특성상 외형에 따른 법적 효과가 발생한다. 숨은 어음·수표보증이라는 사정은 당사자 사이에서만 인적항변으로 주장할 수 있다.

> 어음법 제30조(보증의 가능)
> ① 환어음은 보증에 의하여 그 금액의 전부 또는 일부의 지급을 담보할 수 있다.
> ② 제3자는 제1항의 보증을 할 수 있다. 어음에 기명날인하거나 서명한 자도 같다.
>
> 어음법 제31조(보증의 방식)
> ③ 환어음의 앞면에 단순한 기명날인 또는 서명이 있는 경우에는 보증을 한 것으로 본다. 그러나 지급인 또는 발행인의 기명날인 또는 서명의 경우에는 그러하지 아니하다.
> ④ 보증에는 누구를 위하여 한 것임을 표시하여야 한다. 그 표시가 없는 경우에는 발행인을 위하여 보증한 것으로 본다.

수표법 제25조(보증의 가능)
① 수표는 보증에 의하여 그 금액의 전부 또는 일부의 지급을 담보할 수 있다.
② 지급인을 제외한 제3자는 제1항의 보증을 할 수 있다. 수표에 기명날인하거나 서명한 자도 같다.

수표법 제26조(보증의 방식)
③ 수표의 앞면에 단순한 기명날인 또는 서명이 있는 경우에는 보증을 한 것으로 본다. 그러나 발행인의 기명날인 또는 서명의 경우에는 그러하지 아니하다.
④ 보증에는 누구를 위하여 한 것임을 표시하여야 한다. 그 표시가 없는 경우에는 발행인을 위하여 보증한 것으로 본다.

(2) 방식

① 정식보증은 보증문구 및 피보증인을 기재하고 기명날인 또는 서명하는 것이다.

② 약식보증도 가능하다. 즉 어음·수표 앞면에 단순히 기명날인 또는 서명한 경우에는 발행인을 위한 보증으로 본다. ☆

③ 조건부 보증을 하는 것도 유익적 기재사항으로 인정하는바 유효하다(**판례**). ☆

〈도표 IX-1〉 단순히 기명날인 또는 서명한 경우의 효과 정리

기재 위치	행위자	효과	근거
앞면에 기재	지급인	지급인의 인수가 됨	어음법 § 25① 제2문
	발행인·지급인 이외	발행인을 위한 보증이 됨	어음법 § 31③, 수표법 § 26③
뒷면에 기재	누구나	배서가 됨	어음법 § 13② 제2문, 수표법 § 16② 제2문

〈도표 IX-2〉 조건부 어음·수표행위의 효력 정리

조건부 어음·수표행위	효력	근거
조건부 발행	유해적 기재사항 (어음·수표 자체가 무효)	어음법 § 1 제2호, 수표법 § 1 제2호
조건부 배서	무익적 기재사항 (조건만 무효)	어음법 § 12①, 수표법 § 15①
조건부 인수	유익적 기재사항 (유효)	판례
조건부 보증		

(3) 효력

어음법 제32조(보증의 효력)
① 보증인은 보증된 자와 같은 책임을 진다.
② 보증은 담보된 채무가 그 방식에 흠이 있는 경우 외에는 어떠한 사유로 무효가 되더라도 그 효력을 가진다.
③ 보증인이 환어음의 지급을 하면 보증된 자와 그 자의 어음상의 채무자에 대하여 어음으로부터 생기는 권리를 취득한다.

수표법 제27조(보증의 효력)
① 보증인은 보증된 자와 같은 책임을 진다.
② 보증은 담보된 채무가 그 방식에 흠이 있는 경우 외에는 어떠한 사유로 무효가 되더라도 그 효력을 가진다.
③ 보증인이 수표의 지급을 하면 보증된 자와 그 자의 수표상의 채무자에 대하여 수표로부터 생기는 권리를 취득한다.

① 합동책임

(i) 어음·수표보증인은 최고검색의 항변권이 없다. 즉 피보증인에게 먼저 지급청구를 해야 하는 것은 아니다. ☆

(ii) 어음·수표보증인들 사이에서 분별의 이익도 없다.

② 보증채무의 부종성

(i) 보증채무는 주채무를 전제로 하기 때문에 책임의 범위 및 소멸은 주채무에 종속적이다. 즉 피보증인의 채무가 소멸하면 보증인의 채무도 소멸한다. ☆

(ii) 피보증인에 대한 시효중단 및 상환청구권 보전의 효과는 보증인에게도 미친다. 즉 피보증인에 대한 상환청구권을 보전하지 못하면 보증인에 대한 상환청구권도 소멸한다. ☆

③ 보증채무의 독립성

어음·수표행위의 독립의 원칙이 적용된다. 즉 피보증인의 채무가 형식적 흠결 이외의 사유로 무효·취소되더라도 어음·수표보증은 유효하다. ☆

④ 어음·수표보증인이 피보증인의 인적 항변을 원용할 수 있는지 논란이 있다.

이에 대하여 (i) 어음·수표행위 독립의 원칙상 피보증인의 채무가 보증인의 채무로부터 독립적 성격 가지므로 원용이 불가능하다는 부정설이 있으나, (ii) <**판례**>는 긍정설을 취한다.

즉 어음소지인에 대한 피보증인의 원인관계상 채무가 소멸하였다면, 어음소지인은 피보증인뿐 아니라 보증인에 대해서도 어음상 권리를 행사할 실질적 이유가 사라진 것이고, 어음이 자기 수중에 있음을 기화로 어음보증인에게 어음금을 받으려는 것은 신의성실에 원칙에 비추어 부당한 권리의 남용이다(86다카1858). ☆

〈도표 IX-3〉 어음·수표보증과 수표 지급보증의 비교

	수표의 지급보증	어음·수표보증
주체	지급인	지급인을 제외한 제3자
의무의 성격	독자적인 1차적 지급의무	주채무를 전제로 함 (부종성)
피보증인의 항변원용	원용 불가 (독립적)	원용 가능
책임의 성격	변제로 수표 소멸 (최종적)	변제 후 재상환청구 가능

(4) 어음·수표보증과 원인채무에 대한 민사보증의 구별

① 원칙

어음·수표보증을 하는 경우, 특별한 사정이 없는 한 원인관계상 채무까지 보증한 것으로 볼 수는 없다는 것이 <판례>의 일반적인 입장이다. ☆

② 예외

<**판례**>는 일정한 경우에 당사자 의사해석에 근거하여 예외를 인정한다. 즉, (i) 채권자의 입장에서 어음·수표 발행시에 원인채무에 대한 민사상의 보증채무를 요구하는 의사가 있었고, (ii) 어음·수표의 발행인도 채권자의 그러한 의사 및 채무의 내용을 인식하면서 그에 응하여 어음·수표를 발행하였다는 사실이 당사자 사이의 관계, 교섭과정, 어음·수표의 발행을 전후한 제반 사정에 비추어 인정될 수 있을 정도에 이르렀다면, 민사상 보증계약의 성립을 인정할 수 있다고 판시한다.

〈도표 IX-4〉 어음·수표보증과 민사보증의 비교

<table>
<tr><th></th><th>민사보증</th><th>어음·수표보증</th></tr>
<tr><td>법적 성격</td><td>계약</td><td>단독행위</td></tr>
<tr><td>피보증인이
특정되지 않은 경우</td><td rowspan="2">무효</td><td>발행인을 위한 보증</td></tr>
<tr><td>주채무가
무효·취소된 경우</td><td>유효
(어음법 § 32②, 수표법 § 27②)</td></tr>
<tr><td>최고·검색의 항변권</td><td rowspan="2">있음</td><td rowspan="2">없음
(보증인 합동책임)</td></tr>
<tr><td>공동보증인간
분별의 이익</td></tr>
<tr><td>변제 이후 권리취득</td><td>피보증인에 대한
구상권</td><td>피보증인 및 전자들에 대한
재상환청구권</td></tr>
</table>

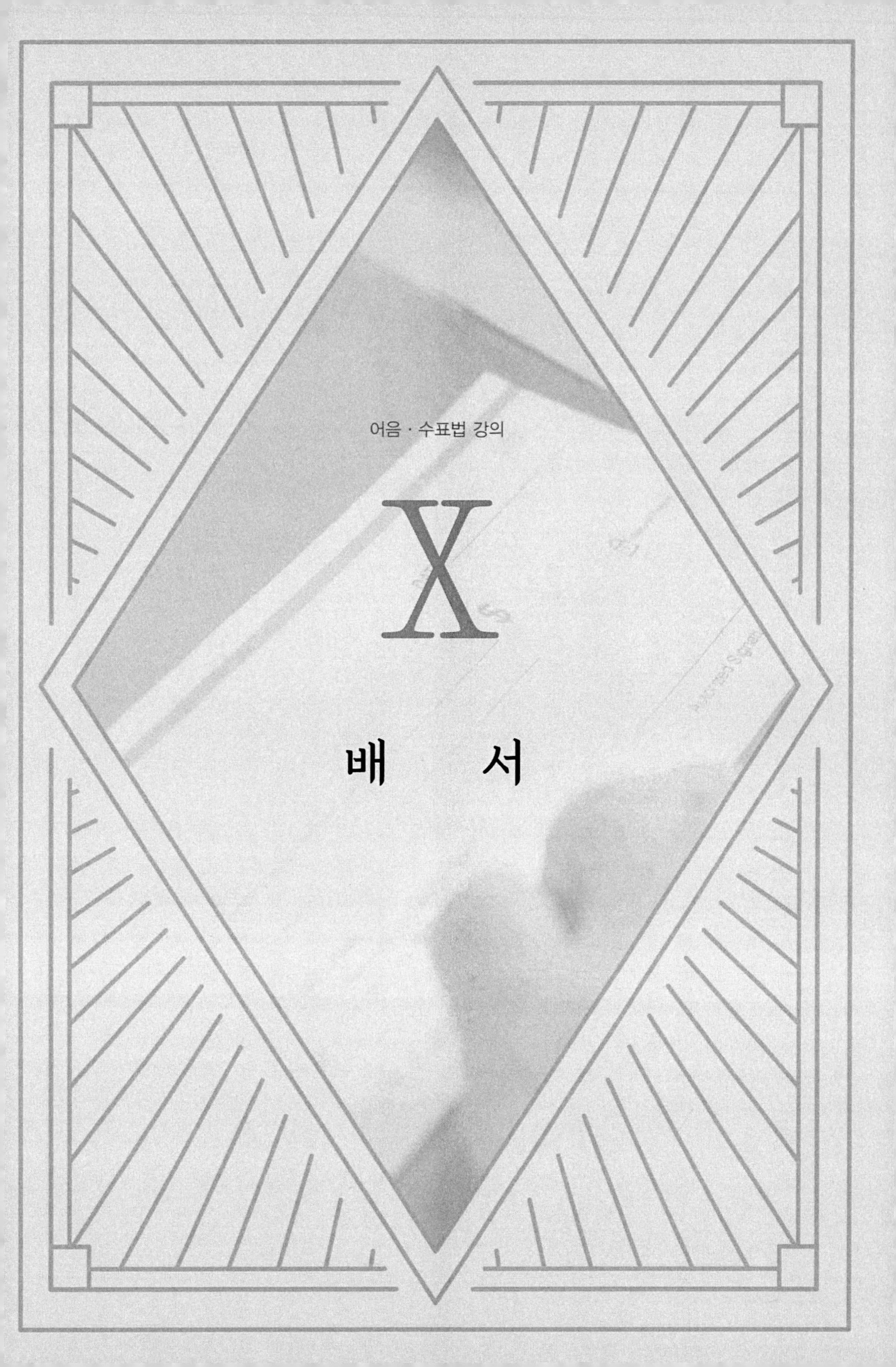

어음 · 수표법 강의

X

배 서

배 서

어음법 제11조(당연한 지시증권성)

① 환어음은 지시식(指示式)으로 발행하지 아니한 경우에도 배서(背書)에 의하여 양도할 수 있다.

② 발행인이 환어음에 "지시 금지"라는 글자 또는 이와 같은 뜻이 있는 문구를 적은 경우에는 그 어음은 지명채권의 양도 방식으로만, 그리고 그 효력으로써만 양도할 수 있다.

어음법 제12조(배서의 요건)

① 배서에는 조건을 붙여서는 아니 된다. 배서에 붙인 조건은 적지 아니한 것으로 본다.

② 일부의 배서는 무효로 한다.

③ 소지인에게 지급하라는 소지인출급의 배서는 백지식(白地式) 배서와 같은 효력이 있다.

어음법 제13조(배서의 방식)

② 배서는 피배서인(被背書人)을 지명하지 아니하고 할 수 있으며 배서인의 기명날인 또는 서명만으로도 할 수 있다(백지식 배서). 배서인의 기명날인 또는 서명만으로 하는 백지식 배서는 환어음의 뒷면이나 보충지에 하지 아니하면 효력이 없다.

수표법 제14조(당연한 지시증권성)
① 기명식 또는 지시식의 수표는 배서(背書)에 의하여 양도할 수 있다.
② 기명식 수표에 "지시금지"라는 글자 또는 이와 같은 뜻이 있는 문구를 적은 경우에는 그 수표는 지명채권의 양도 방식으로만, 그리고 그 효력으로써만 양도할 수 있다.

수표법 제15조(배서의 요건)
① 배서에는 조건을 붙여서는 아니 된다. 배서에 붙인 조건은 적지 아니한 것으로 본다.
② 일부의 배서는 무효로 한다.
④ 소지인에게 지급하라는 소지인출급의 배서는 백지식 배서와 같은 효력이 있다.

수표법 제16조(배서의 방식)
② 배서는 피배서인(被背書人)을 지명하지 아니하고 할 수 있으며 배서인의 기명날인 또는 서명만으로도 할 수 있다(백지식 배서). 배서인의 기명날인 또는 서명만으로 하는 백지식 배서는 수표의 뒷면이나 보충지에 하지 아니하면 효력이 없다.

1. 의의

(1) 개념

배서란 피배서인에게 권리를 양도하기 위하여 어음·수표 뒷면에 양도취지를 기재하고 기명날인 또는 서명하여 교부하는 어음·수표행위이다. 어음·수표는 당연한 지시증권성을 가지므로 굳이 지시식으로 발행하지 않아도 양도방법으로 배서를 사용할 수 있다(어음법§11①, 수표법§14①).

(2) 법적 성격

통설인 **채권양도설**에 의하면 배서는 어음·수표상 권리의 양도를 목적으로 하는 어음·수표행위이다.

(3) 배서 이외의 방법에 의한 권리이전

① 지명채권 양도방법이 허용될지 논란이 있다.

(i) 부정설은 배서에 관한 규정(어음법§11①, 수표법§14①)을 강행규정으로 해석하여 지명채권 양도방법에 의한 어음·수표의 양도를 허용하지 않는다.

(ii) 긍정설은 지시증권성에 관한 배서 규정을 임의규정으로 해석하여, 당사자가 배서의 이점(인적항변의 절단 등)을 포기하고 지명채권 양도방법으로 권리를 이전할 수 있다고 해석한다(**통설·판례**). 물론 양수인이 권리를 행사하려면 어음·수표의 교부가 필요하다.

② 교부

(i) 어음

어음을 백지식 또는 소지인출급식으로 배서할 수도 있으므로 이러한 방식으로 취득한 양수인은 단순히 교부 방식에 의하여 어음을 양도할 수 있다(어음법§12③, §13②, §14② 제3호).

(ii) 수표

소지인출급식으로 발행된 수표는 단순히 교부 방식으로 양도할 수 있다(수표법§5① 제3호). 소지인출급식 수표를 배서방식으로 취득한 자 역시 교부 방식으로 양도할 수 있다(수표법§20 단서).

(4) 배서금지어음·수표

① 개념

발행인이 "지시금지", "배서금지" 등의 취지를 기재하여 발행한 어음·수표를 배서금지어음·수표라 한다(어음법§11②, 수표법§14②). ☆

② 효과

배서금지 기재에 의하여 배서는 금지되나 지명채권 양도방법에 의한 양도는 가능하다. 따라서 이 경우에는 인적항변이 절단되지 않는다. 반면에 배서금지를 기재하지 않았다면 당사자 사이에 배서금지 특약이 있어도 소용없다(**판례**).

③ 금지 기재의 방법

(i) 일반인이 거래상 보통의 주의로 쉽게 알 수 있도록 분명히 표시되어야 한다(**판례**).

(ii) 어음·수표는 당연한 지시증권성이 인정되기 때문에 지시문구를 말소하더라도 그것만으로는 배서금지로 인정되지 않는다(**판례**).

(iii) 반면에 지시문구가 남아있는 상태라도, 배서금지 문구를 기재했다면 배서금지어음·수표로 인정한다(**판례**).

(iv) "견질용" 또는 "보관용" 등의 기재는 배서금지 취지로 인정하지 않는다(**판례**).

(5) 참고 개념: 담보배서

어음·수표를 양도할 의사 없이 단지 담보책임을 부담할 목적으로 배서하는 방식이다. 어음·수표의 문언성 때문에 담보배서라 하더라도 완전한 양도배서로서 효력을 갖는 것이 원칙이다. 담보제공 목적에 불과하다는 사정은 당사자 사이에서만 인적항변으로 대항할 수 있다.

2. 배서의 방식

(1) 정식배서

① 피배서인 및 배서문언을 기재해야 한다. ex. "앞면에 적힌 금액을 (피배서인) 또는 그 지시인에게 지급하여 주십시오"

② 피배서인은 특정인을 식별할 수 있을 정도로 기재하면 충분하다. 중첩적·선택적·순차적으로 수인의 피배서인을 기재할 수도 있지만 그중에서 소지인만 권리행사가 가능하다.

③ 배서인의 기명날인 또는 서명이 필요하다.

④ 배서일자는 배서요건이 아니다. 배서일자를 기재하지 않거나 발행일자보다 앞서더라도 무효가 아니다(**판례**).

⑤ 부단순 배서의 제한

(i) 배서에 조건을 붙일 수는 없다. 배서에 조건을 기재하더라도 무익적 기재사항인바 없는 것으로 취급한다(어음법§12①, 수표법§15①). ☆

(ii) 일부의 배서는 무효이다(어음법§12②, 수표법§15②). ☆

(2) 백지식 배서

① 의의

백지식 배서란 피배서인을 기재하지 않는 백지 방식의 배서이다(어음법§13②, 수표법§16②). 백지식 배서를 작성할 때에는 배서인의 기명날인 또는 서명만 있으면 된다. 배서문언은 없어도 무방하다.

② 효과

백지식 배서 자체가 어음법·수표법에서 인정하는 유효한 배서이므로 점유자는 적법한 소지인으로 추정된다. 나아가 **소지인은 피배서인을 보충하지 않고도 지급청구 등 권리행사가 가능하다**(어음법§16① 제2문, 수표법§19 제2문).

③ 양도방식(어음법§14②, 수표법§17②)

(i) 보충+배서: 백지식 배서로 취득한 자가 백지 보충하여 양도하면서 새로운 백지식 배서 또는 정식배서를 할 수 있음 ☆

(ii) (보충 없이) 배서: 백지식 배서로 취득한 자는 백지 보충 없이도 새로운 백지식 배서 또는 정식배서에 의한 양도를 할 수 있음 ☆

(iii) (보충 없이) 교부: 백지식 배서로 취득한 자는 백지 보충 없이도 단순 교부에 의한 양도를 할 수 있음 ☆

(3) 소지인출급식 배서

소지인출급식 배서란 피배서인을 "소지인"이라고 기재하는 방식의 배서이다. 소지인출급식 배서는 백지식 배서와 동일한 효력이 인정된다(어음법§12③, 수표법§15④). 소지인출급식 배서에 의하여 어음·수표를 취득한 자는 배서하지 않고 단순 교부에 의하여 양도할 수 있다. ☆

(4) 수표 배서의 제한

어음과 달리 수표에서는 배서에 추가적인 제한이 있다. 즉 수표의 지급인에 대한 배서는 영수증의 효력만 있고, 수표의 지급인이 배서를 하는 것은 무효이다(수표법§15③, ⑤). ☆

3. 배서의 효력

어음법 제14조(배서의 권리 이전적 효력)
① 배서는 환어음으로부터 생기는 모든 권리를 이전(移轉)한다.
② 배서가 백지식인 경우에 소지인은 다음 각 호의 행위를 할 수 있다.
1. 자기의 명칭 또는 타인의 명칭으로 백지(白地)를 보충하는 행위
2. 백지식으로 또는 타인을 표시하여 다시 어음에 배서하는 행위
3. 백지를 보충하지 아니하고 또 배서도 하지 아니하고 어음을 교부만으로 제3자에게 양도하는 행위

어음법 제15조(배서의 담보적 효력)
① 배서인은 반대의 문구가 없으면 인수와 지급을 담보한다.
② 배서인은 자기의 배서 이후에 새로 하는 배서를 금지할 수 있다. 이 경우 그 배서인은 어음의 그 후의 피배서인에 대하여 담보의 책임을 지지 아니한다.

어음법 제16조(배서의 자격 수여적 효력 및 어음의 선의취득)
① 환어음의 점유자가 배서의 연속에 의하여 그 권리를 증명할 때에는 그를 적법한 소지인으로 추정(推定)한다. 최후의 배서가 백지식인 경우에도 같다. 말소한 배서는 배서의 연속에 관하여는 배서를 하지 아니한 것으로 본다. 백지식 배서의 다음에 다른 배서가 있는 경우에는 그 배서를 한 자는 백지식 배서에 의하여 어음을 취득한 것으로 본다.

수표법 제17조(배서의 권리 이전적 효력)
① 배서는 수표로부터 생기는 모든 권리를 이전(移轉)한다.
② 배서가 백지식인 경우에 소지인은 다음 각 호의 행위를 할 수 있다.
1. 자기의 명칭 또는 타인의 명칭으로 백지(白地)를 보충하는 행위
2. 백지식으로 또는 타인을 표시하여 다시 수표에 배서하는 행위
3. 백지를 보충하지 아니하고 또 배서도 하지 아니하고 수표를 교부만으로 제3자에게 양도하는 행위

수표법 제18조(배서의 담보적 효력)
① 배서인은 반대의 문구가 없으면 지급을 담보한다.
② 배서인은 자기의 배서 이후에 새로 하는 배서를 금지할 수 있다. 이 경우 그 배서인은 수표의 그 후의 피배서인에 대하여 담보의 책임을 지지 아니한다.

수표법 제19조(배서의 자격 수여적 효력) 배서로 양도할 수 있는 수표의 점유자가 배서의

연속에 의하여 그 권리를 증명할 때에는 그를 적법한 소지인으로 추정(推定)한다. 최후의 배서가 백지식인 경우에도 같다. 말소한 배서는 배서의 연속에 관하여는 배서를 하지 아니한 것으로 본다. 백지식 배서의 다음에 다른 배서가 있는 경우에는 그 배서를 한 자는 백지식 배서에 의하여 수표를 취득한 것으로 본다.

(1) 권리이전적 효력

어음·수표상의 권리가 배서에 의하여 피배서인에게 이전되는 것을 배서의 권리이전적 효력이라 한다(어음법§14①, 수표법§17①). 지명채권 양도방법에 의해서도 권리가 이전되는 것은 동일하지만 배서 방식을 취할 경우에는 지명채권 양도방법과 달리 통지·승낙의 대항요건이 필요 없고, 인적항변 절단효가 인정된다는 점에서 구별된다.

(2) 자격수여적 효력

배서가 연속되어 있는 어음·수표를 점유한 자를 적법한 소지인으로 추정하는 것을 배서의 자격수여적 효력이라 한다(어음법§16① 제1문, 수표법§19① 제1문). 다만 무권리자에게 권리를 창설해주는 것은 아니기 때문에 채무자는 소지인의 실질적 무권리를 입증하여 대항할 수 있다.

(3) 담보적 효력

① 의의

배서인이 피배서인 및 그 후자에 대하여 (i) 지급인이 인수를 거절하는 경우에는 **인수**를, (ii) 지급인 또는 발행인이 지급을 거절하는 경우에는 **지급**을 담보하는 것을 배서의 담보적 효력이라 한다(어음법§15①, 수표법§18①). 이는 어음법·수표법에서 유통성 강화를 위해 정책적으로 부여한 효력이다(**통설**).

② 담보적 효력의 배제 가능성

(i) 배서의 담보적 효력은 당사자의 의사에 의하여 배제할 수 있다.

(ii) 배서금지어음·수표

일체의 배서가 금지되므로 담보적 효력이 발생할 여지가 없다(어음법§11②, 수표법§14②).

(iii) 무담보배서

특정 배서인이 담보책임을 지지 않겠다는 문언을 기재함으로써 자신의 담보적 효력을 배제한 배서이다. 무담보배서의 배서인은 피배서인을 포함하여 자신의 후자에게 담보책임을 부담하지 않는다(어음법§15①, 수표법§18①).

(iv) 배서금지배서

배서인이 어음·수표를 배서양도하면서 피배서인의 새로운 배서를 금지하는 방식의 배서이다. 배서금지배서의 배서인은 피배서인에게는 담보책임을 부담하지만 피배서인의 후자에게는 담보책임을 부담하지 않는다(어음법§15②, 수표법§18②). ☆

4. 배서의 연속

(1) 개념

어음·수표의 수취인이 제1배서인이 되어서 제1피배서인에게 배서하고, 제1피배서인이 제2배서인이 되어서 제2피배서인에게 배서하는 식으로 연속적으로 배서가 이루어져서 어음·수표의 소지인이 최종피배서인이 될 때까지 배서가 중단없이 계속된 것을 배서의 연속이라 한다.

(2) 배서연속 판단의 기준

① 각 배서는 문면상 드러나있는 자료에 의해서 판단할 때 **형식적으로 유효한 배서**이면 충분하다(어음법§16① 및 수표법§19). **허무인의 배서 또는 위조된 배서가 있더라도 형식적으로 유효하면 된다.** ☆

② 배서연속의 여부를 검토할 때에는 배서란의 기재순서와 무관하게, 논리적으로 연속을 확인할 수 있으면 충분하다. 이때 수취인과 제1배서인의 명칭은 '주요한 점에서 일치하여 사회통념상 동일인을 표시한 것으로 인정될 수 있을 정도'면 충분하다(**판례**).

cf. 법인의 경우에는 연속되는 배서 모두 법인 어음행위의 요건을 갖추어야 한다는 점을 유의해야 한다.

③ **백지식 배서**도 적법한 배서방식이기 때문에, 설사 백지 보충을 안 해서 피배서인의 기재가 없는 경우라도 배서의 연속을 인정한다. ☆

④ 일단 기재되었던 배서가 말소된 경우에는 배서연속의 판단에서 제외한다. 피배서인만 말소되었어도 전부 말소로 취급한다. 다만 정당한 권한에 의한 말소가 아니라면 변조 법리가 적용된다.

(3) 배서연속의 효과

① 배서연속의 자격수여적 효력에 의하여 소지인은 **적법한 권리자로 추정**된다(어음법§16① 및 수표법§19).

② 적법한 권리자로 추정되는 소지인의 형식적 자격을 신뢰한 양수인은 보호받아야 하는바 **선의취득**이 가능하다(어음법§16② 및 수표법§21).

③ 적법한 권리자로 추정되는 소지인의 형식적 자격을 신뢰하고 지급한 채무자는 보호받아야 하는바 선의지급 규정에 의하여 면책된다(어음법§40③ 및 수표법§35).

(4) 배서 불연속의 효과

① 배서의 권리이전적 효력 관련

(i) 어음소지인은 배서 불연속 구간에서도 지명채권양도 방식 등으로 실질적 권리가 승계되었음을 입증하면 어음상 권리를 행사할 수 있다(**판례**). ☆☆

(ii) 배서 불연속 구간에서 지명채권 양도방법에 의하여 이전되었다면 인적항변이 절단되지 않겠으나, 배서불연속 이후에 새롭게 이루어진 배서는 인적항변 절단의 효력이 있다.

② 배서의 자격수여적 효력 관련

(i) 배서연속이 아니므로 자격수여적 효력이 인정되지 않고, 따라서 소지인은 적법한 권리자로 추정될 수 없다. 그러나 배서 불연속 구간에서 실질적 권리이전이 이루어졌음을 입증한다면 형식적 배서연속 보다 더 확실하게 권리승계가 인정된 것이므로, **단절되었던 배서는 가교에 의해 '배서연속'이 회복된다(가교설)**. 즉 배서 불연속 구간의 실질적 권리이전이 입증되었다면 어음소지인을 적법한 권리자로 추정할 수 있으며, 그 이후의 배서연속 구간에서는 실질적 권리이전의 입증이 필요 없다(**통설·판례**). ☆

(ii) 다만 배서가 불연속된 어음·수표를 취득한 자는 선의취득을 주장할 여지가 없다. 선의취득에서 요구하는 신뢰는 배서연속에 대한 것인바 배서 불연속 구간의 실질절 권리이전을 입증한다고 하여 이를 충족할 수 있는 것은 아니다.

③ 배서의 담보적 효력 관련

어음·수표행위 독립의 원칙에 의하여 배서의 담보적 효력이 발생하는 것이므로 배서연속과 무관하다. 즉 배서 불연속 이후에 이루어진 배서도 담보적 효력이 있다.

5. 선의취득

(1) 의의

① 개념

어음·수표의 선의취득이란 배서의 연속에 의한 형식적 자격을 갖춘 어음·수표를 신뢰하고 양수한 자가 어음·수표상의 권리를 적법하게 원시취득할 수 있는 것을 의미한다.

② 인정근거

통설은 어음법§16②, 수표법§21의 규정("어음·수표를 반환할 의무가 없다")에 의하여 어음·수표의 선의취득이 인정되는 것으로 해석한다. 민법상 채권의 선의취득은 인정되지 않지만, 배서연속에 의하여 적법한 소지인으로 추정되는 자를 정당한 권리자로 신뢰한 어음·수표의 양수인을 보호함으로써 어음·수표의 유통성을 강화하려는 특칙으로 이해한다.

어음법 제16조(배서의 자격 수여적 효력 및 어음의 선의취득)
② 어떤 사유로든 환어음의 점유를 잃은 자가 있는 경우에 그 어음의 소지인이 제1항에 따라 그 권리를 증명할 때에는 그 어음을 반환할 의무가 없다. 그러나 소지인이 악의 또는 중대한 과실로 인하여 어음을 취득한 경우에는 그러하지 아니하다.

수표법 제21조(수표의 선의취득) 어떤 사유로든 수표의 점유를 잃은 자가 있는 경우에 그 수표의 소지인은 그 수표가 소지인출급식일 때 또는 배서로 양도할 수 있는 수표의 소지인이 제19조에 따라 그 권리를 증명할 때에는 그 수표를 반환할 의무가 없다. 그러나 소지인이 악의 또는 중대한 과실로 인하여 수표를 취득한 경우에는 그러하지 아니하다.

(2) 요건

① 어음법·수표법적 양도방법(배서·교부)에 의한 취득

(i) 원칙

어음·수표의 선의취득은 어음법·수표법에서 특별히 인정하는 특칙이므로, 어음법·수표법에 의한 유통방법에 의하여 어음·수표를 취득한 경우에만 선의취득이 인정된다. 최종 배서가 백지식 배서이거나 소지인출급식으로 발행된 수표의 경우에는 교부 방식으로 양도된 경우에도 선의취득이 가능하다. ☆

(ii) 배서금지어음의 경우

분실된 배서금지어음을 습득한 자로부터 양수한 자는 이러한 사정을 모르고 배서받았더라도 선의취득하지 못한다. ☆

(iii) 백지어음·수표의 경우

백지 부분이 보충되기 전까지는 완전한 어음·수표가 아님에도 불구하고, 백지 상태에서도 선의취득이 인정된다.

② 배서의 연속

소지인에 이르기까지 배서가 연속되어야 한다. 불연속 구간이 있으면 실질적 권리이전을 입증하더라도 선의취득이 인정될 수 없다.

③ 양도인의 무권리 및 양도행위의 하자

(i) 문제점

민법적 관념으로는 양도인이 무권리자인 경우에 한하여 선의취득이 가능한데, 양도행위에 하자가 있는 경우에도 선의취득이 인정될 수 있을지 논란이 있다. 왜냐하면 법률 규정상 "어떤 사유로든 어음·수표의 점유를 잃은 자"가 있을 때 선의취득이 가능하기 때문이다.

(ii) 학설의 논의

민법과 마찬가지로 양도인이 무권리자인 경우로 제한하여 해석하는 입장(**무권리자 한정설**), "어떤 사유로든"의 해석상 양도인이 무권리자인 경우 외에 무권대리 등 양도행위에 비자발적 하자가 있는 경우도 포함하는 입장(**부분적 제한설**), "어떤 사유로든"의 해석상 양도인이 무권리자인 경우 외에 의사표시 하자 등 양도행위에 자발적 하자가 있는 경우까지 포함하는 입장(**무제한설**)이 대립한다.

(iii) 판례의 입장

<**판례**>는 "선의취득으로 치유되는 하자의 범위는 양도인이 무권리자인 경우뿐만 아니라 대리권의 흠결이나 교부계약상의 하자도 포함된다."고 판시한다. ☆☆

④ 양수인의 선의·무중과실

(i) 원칙

직접 거래의 상대방인 양도인의 무권리·양도행위의 하자에 대하여 양수인에게 악의·중과실이 없어야 한다. 악의·중과실에 대한 입증책임은 선의취득을 부정하는 자가 부담한다(**통설**).

(ii) 중과실의 인정

중과실이란 거래 통념상 양도인의 무권리 등을 의심할 만한 객관적 사정이 있었음에도 불구하고 발행인 등에게 이에 관한 간단한 조회조차 하지 않고 만연히 양수한 경우를 의미한다(**판례**). 자기앞수표를 취득하면서 양도인의 주민등록증으로 인적사항을 확인하지 않은 양수인에게는 중과실이 인정된다(**판례**).

(iii) 판단 시점

악의·중과실 유무는 어음·수표의 취득시를 기준으로 판단한다. 한편 백지어음을 선의로 취득하였다면, 보충시에 악의라도 선의취득이 가능하다.

⑤ 취득자의 독립한 경제적 이익

어음·수표 취득자에게 독립적인 경제적 이익이 있어야 한다. 추심위임배서나 숨은 추심위임배서와 같이 어음·수표 취득자에게 독립적인 경제적 이익이 없는 경우라면 보호 필요성이 인정되지 않기 때문에 선의취득이 불가능하다.

(3) 효과

선의취득자는 종전의 하자나 항변사유가 제거된 상태에서 어음·수표상의 완전한 권리를 원시취득한다. 나아가 선의취득자로부터 양수받은 자는 설사 이전의 무권리에 대해서 악의라도 엄폐물의 법칙에 의하여 완전한 권리를 승계받는다. ☆

다만 어음채무자의 항변사유를 알고 있는 선의취득자가 어음채무자를 해할 것을 알면서 어음을 선의취득할 수도 있는바, 이러한 경우에는 어음채무자의 인적항변이 절단되지 않기 때문에 선의취득자는 그 어음채무자에게 대항할 수 없다. ☆

연습문제

X-1. A는 어음요건을 모두 갖추어 B에게 약속어음을 발행하였는데, B는 C에게 피배서인을 기재하지 않고 배서양도하였다. 그 후 D는 C로부터 어음을 취득하였는데, 다음 경우 중 배서의 연속을 인정할 수 없는 경우는? **[2022년 6월 모의고사 기출]**

① C가 아무런 보충 없이 그대로 D에게 교부한 경우
② C가 아무런 보충 없이 D를 피배서인으로 기재하여 정식배서를 한 경우
③ C가 B의 배서를 말소하고 D를 피배서인으로 기재하여 정식배서를 한 경우
④ C가 백지인 피배서인란에 C를 기재하고, D에게 다시 백지식 배서를 한 경우
⑤ C가 백지인 피배서인란에 C를 기재하고, D를 피배서인으로 기재하여 정식배서를 한 경우

해설

① 피배서인을 기재하지 않은 백지식 배서도 유효하며 피배서인을 보충하거나 보충하지 않고도 양도할 수 있다. 본 지문은 어음법§14② 제3호(교부)에 의한 양도방식이다.
② 본 지문은 어음법§14② 제2호(배서)에 의한 양도방식이다.
③ A가 B를 수취인으로 지정하여 어음을 발행하였는데, B에서 C에게 권리가 이전되는 과정에서 배서가 불연속된다. (정답)
④ 본 지문은 어음법§14② 제1호(보충)에 의한 양도방식이다.
⑤ 본 지문은 어음법§14② 제1호(보충)에 의한 양도방식이다.

XI

특수배서

특수배서

1. 무담보배서

배서인이 무담보 취지를 기재하여 배서함으로써 자신의 후자 전원에게 담보책임을 지지 않는 방식을 무담보배서라 한다(어음법§15①, 수표법§18①). 이 경우 배서의 담보적 효력만 배제하는 것이며 다른 효력에는 영향을 미치지 않는다. ☆

2. 배서금지배서

배서인이 배서금지 취지를 기재하여 배서함으로써 자신의 직접적인 피배서인에게는 담보책임을 부담하지만 피배서인의 후자에게는 일체 담보책임을 부담하지 않는 방식을 배서금지배서라 한다(어음법§15②, 수표법§18②). 배서금지배서 이후에 피배서인 또는 그 후자가 새롭게 하는 배서는 일반적인 배서의 효력을 갖는다. ☆

cf. 위와 달리 발행인이 아예 배서금지를 기재해 놓으면 배서금지어음·수표가 된다. 배서금지어음·수표는 지명채권 양도방법을 따라야 하는바 판이하게 구별된다.

〈도표 XI-1〉 무담보배서와 배서금지배서의 효력 정리

	권리이전적 효력	인적항변 절단효	자격수여적 효력	선의취득 허용	담보적 효력
무담보배서	○	○	○	○	후자 전원에 대하여 책임 없음
배서금지배서	○	○	○	○	피배서인의 후자들에게 책임 없음

3. 환배서(역배서)

(1) 의의

어음·수표 채무자를 다시 피배서인으로 지정하는 배서를 환배서 또는 역배서라 한다(어음법§11③, 수표법§14③). 민법에서는 권리와 의무가 동일인에게 귀속되면 혼동으로 소멸하지만, 어음법·수표법상 환배서에는 **혼동의 법리가 적용되지 않는다.** 원래 유가증권을 발행한 채무자가 지급기일에 소지자에게 지급을 해주면서 유가증권을 회수했다면 그 유가증권은 소멸해야 하지만, 지급기일 이전에는 채무자가 아닌 별개의 지위에서 당해 유가증권을 객관적 재산으로 취득하고 다시 처분하는 것도 가능하다.

(2) 효력

① 환배서는 권리이전적 효력이 있다. 즉 권리의 승계가 이루어진다.

② 어음·수표 채무자(A)에게 인적항변을 갖고 있던 자(B)는 어음·수표 채무자(A)가 환배서에 의하여 다시 어음·수표를 취득하면 종전의 인적항변으로 대항할 수 있다. **인적항변의 속인성 때문에 동일한 자에 대한 인적항변은 계속 유지되는 것으로 본다(통설·판례).** ☆

③ 환배서가 이루어진 경우에도 배서연속 및 자격수여적 효력이 인정되고, 선의취득도 가능하다. 담보적 효력도 인정된다.

〈도표 XI-2〉 환배서의 효력 정리

	권리이전적 효력	인적항변 절단효	자격수여적 효력	선의취득	담보적 효력
환배서	○	×	○	○	○

(3) 환배서의 중간자에 대한 상환청구의 제한

① 원칙

환배서의 피배서인은 자신의 전자이면서 동시에 후자에 해당하는 **중간 채무자들에게 권리를 행사할 수 없다.** 예를 들어 甲이 乙에게 발행한 약속어음이 丙에게 배서양도되었는데 丙이 다시 乙에게 환배서를 한 경우에는, 乙이 어음소지인으로서 중간 채무자 丙에게 상환청구를 해봤자 丙은 다시 乙에게 재상환청구를 할 것이어서 乙 입장에서는 실익이 없고, 행여나 乙이 재상환청구를 거절하면 형평에 어긋나는바 애초에 乙의 권리행사를 제한하는 것이다.

② 예외

(i) 乙이 丙에게 무담보배서를 하였다면 丙은 담보책임이 없는 乙에게 재상환청구를 할 수 없다. 따라서 乙이 丙에게 상환 청구하는 것을 제한할 필요가 없는바 乙은 丙에게 상환청구를 할 수 있다.

(ii) 또한 乙과 丙 사이에 인적항변사유가 있다면 乙은 丙의 재상환청구에 대항할 수 있다. 따라서 乙이 丙에게 상환 청구하는 것을 제한할 필요가 없는바 乙은 丙에게 상환청구를 할 수 있다.

〈도표 XI-3〉 환배서의 피배서인이 중간 채무자에게 상환청구하는 경우

	乙	배서 →	丙	배서 →	丁	환배서 →	乙
① 乙이 일반배서 한 경우	←		乙에게 청구 可	←----×----			丙에게 청구 不可
	←				乙에게 청구 可	←×-	丁에게 청구 不可
② 乙이 무담보배서한 경우	←---×---		乙에게 청구 不可	←			丙에게 청구 可
	←-------×-------				乙에게 청구 不可	←	丁에게 청구 可
③ 乙이 배서금지배서한 경우	←		乙에게 청구 可	←----×----			丙에게 청구 不可
	←-------×-------				乙에게 청구 不可	←	丁에게 청구 可
④ 乙이 丙에게 인적항변 가능한 경우	←---×---		乙에게 청구 不可	←			丙에게 청구 可
	←				乙에게 청구 可	←×-	丁에게 청구 不可

4. 기한후배서 ☆☆☆

어음법 제20조(기한 후 배서)
① 만기 후의 배서는 만기 전의 배서와 같은 효력이 있다. 그러나 지급거절증서가 작성된 후에 한 배서 또는 지급거절증서 작성기간이 지난 후에 한 배서는 지명채권 양도의 효력만 있다.
② 날짜를 적지 아니한 배서는 지급거절증서 작성기간이 지나기 전에 한 것으로 추정한다.

수표법 제24조(기한 후 배서)
① 거절증서나 이와 같은 효력이 있는 선언이 작성된 후에 한 배서 또는 제시기간이 지난 후에 한 배서는 지명채권 양도의 효력만 있다.
② 날짜를 적지 아니한 배서는 거절증서나 이와 같은 효력이 있는 선언이 작성되기 전 또는 제시기간이 지나기 전에 한 것으로 추정한다.

(1) 의의

① 개념

어음의 경우에는 (i) 지급거절증서가 작성된 후에 한 배서 또는 (ii) 지급거절증서 작성기간이 지난 후에 한 배서, 수표의 경우에는 (i) 지급거절증서나 이와 같은 효력이 있는 선언(어음교환소의 거절선언)의 작성 후에 한 배서 또는 (ii) 지급제시기간(발행일로부터 10일) 경과 후의 배서를 기한후배서라 한다.

② 특징

기한후배서에는 지명채권양도의 효력만 인정된다(어음법§20① 제2문, 수표법§24①). 어음법·수표법이 예정한 유통기간을 경과하였기에 보호가 약화된다. 다만 지명채권 양도방법까지 따라야 하는 것은 아니므로 대항요건을 갖출 필요는 없다. ☆☆

(2) 기한후배서 여부의 판단기준

① 지급거절증서 작성 또는 지급거절증서 작성기간의 경과 등 외형상 어음·수표가 정상적으로 유통될 수 없음이 분명해야 한다. ☆

(i) 환어음의 인수거절증서가 작성된 경우에도 기한후배서로 본다(**통설**).

(ii) 문면상 스탬프 등으로 지급거절을 표시한 경우에는 지급거절증서가 아니므로 기한후배서로 인정하지 않는다(**판례**).

(iii) 지급거절증서 작성면제 문구가 있더라도 그러한 사정만으로는 기한후배서의 요건충족 여부를 명확히 알 수 없다.

② 배서일로 기재된 날짜가 아닌 **실제 배서가 이루어진 날짜(행위시)를 기준**으로 판단한다(**판례**). 동일한 취지에서 백지어음의 경우에도 백지보충시가 아닌 배서행위시를 기준으로 판단한다. **백지어음을 기한 전에 배서양도받아서 기한후 백지를 보충하더라도 기한후배서가 아니다**(**판례**). ☆☆

③ 배서일 기재가 없다면 기한 전에 한 것으로 추정된다(어음법§20②, 수표법§24②). 따라서 기한후배서임을 주장하려는 채무자가 입증책임을 부담한다.

(3) 효력

① 기한후배서는 지명채권양도의 효력만 갖는 것으로 규정되어 있는바 권리이전적 효력은 인정된다. 즉 양도의 효력이 인정된다(**판례**).

② 배서연속에 의한 자격수여적 효력이 인정되는바 적법 소지인으로 추정되고 면책력도 있다(**통설·판례**). 다만 기한후배서는 신뢰할만한 외관이 아니기 때문에 선의취득은 인정되지 않는다(**통설**).

③ **지명채권양도의 효력 이외에 담보적 효력은 인정되지 않는다. 즉 기한후배서인은 담보책임을 지지 않는다.** 기한후배서의 피배서인 입장에서도 취득 당시에 이미 지급제시기간을 경과하는 등 상환청구권을 보전하지 못하기 때문에 상환청구권자가 될 수 없다. 다만 예외적으로 기한후배서의 배서인이 배서 전에 이미 지급제시를 하고 지급거절증서를 작성하여 상환청구권을 보전하였다면, 그

상환청구권이 기한후배서에 의하여 피배서인에게 함께 양도될 수는 있다. ☆

〈도표 XI-4〉 기한후배서의 효력 정리

	권리이전적 효력	인적항변 절단효	자격수여적 효력	선의취득	담보적 효력
기한후배서	○	×	○	×	×

(4) 기한후배서와 인적항변

① 원칙

기한후배서는 지명채권양도의 효력만 인정되므로 인적항변 절단의 효과가 없다. 즉 어음법§17, 수표법§22가 적용되는 인적항변은 절단되지 않고 승계된다. 채무자는 기한후배서의 배서인에 대한 항변으로 피배서인에게 대항할 수 있다. 이때 피배서인이 선의인지 여부는 고려하지 않는다. ☆

② 예외

(i) **융통어음** 발행인은 피융통자에 대하여 어음상의 책임을 부담하지 않으나, 융통어음을 양수한 제3자에 대하여는 그가 선의든 악의든 인적항변으로 대항할 수 없고 이는 제3자가 그 융통어음을 기한후배서로 취득하였어도 마찬가지이다(**판례**). 즉 융통어음 발행인은 기한후배서의 피배서인에게 대가없이 발행된 융통어음이라는 항변으로 대항할 수 없다. ☆☆

(ii) **광의의 인적항변**(교부흠결의 항변, 백지어음 부당보충의 항변 등)은 개별적인 법적 근거에 의하여 선의무중과실의 제3자에게 대항할 수 없도록 적용되는 것이므로 기한후배서 여부와 무관하다.

③ 적용범위

피배서인에게 승계되는 하자는 **배서 당시** 배서인의 권리에 부착된 하자에 국한된다. 반면에 배서인에 대한 인적항변사유가 기한후배서 이후에 비로소 발생했다면 피배서인에게 대항할 수 없다. ☆

④ 기한후배서인의 전자에 대한 채무자의 인적항변이 배서로 절단된 상태에서 채무자가 피배서인에게 대항할 수 있는지에 대하여 <**판례**>가 일관되지 않다.

(i) 즉 기한후배서의 경우 어음채무자는 피배서인에게 배서인에 대한 모든 인적항변으로 대항할 수 있다는 판례(대법원 1983. 9. 27. 선고 81다카1293 판결, 대법원 1997. 7. 22. 선고 96다12757 판결)도 있으나,

(ii) **어음채무자는 기한후배서의 피배서인에 대하여는 배서인에 대한 인적항변으로 대항할 수 있지만 그 배서인의 전자에 대한 항변사유로 대항할 수는 없다**(대법원 1990. 4. 25. 선고 89다카20740 판결, 대법원 1994. 5. 10. 선고 93다58721 판결, 대법원 2001. 4. 24. 선고 2001다5272 판결)고 보는 것이 엄폐물의 법칙에도 부합한다(도표 XI－5).

〈도표 XI-5〉 기한후배서인의 전자에 대한 항변으로 피배서인에게 대항하는 경우

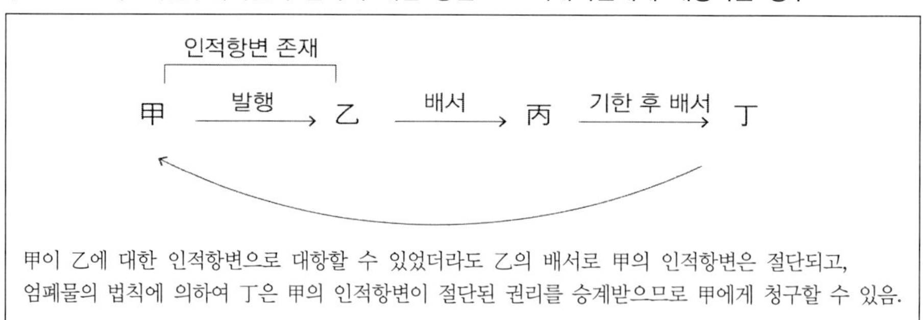

5. 만기후배서

만기후배서란 어음의 만기일은 지났으나, 지급거절증서가 작성되거나 지급거절증서 작성기간이 경과하기 전에 이루어진 배서를 의미한다(어음법§20① 제1문). 만기후배서는 기한후배서가 아니며 일반 배서와 동일한 효력이 있다. ☆

6. (공연한) 추심위임배서

> 어음법 제18조(추심위임배서)
> ① 배서한 내용 중 다음 각 호의 어느 하나에 해당하는 문구가 있으면 소지인은 환어음으로부터 생기는 모든 권리를 행사할 수 있다. 그러나 소지인은 대리(代理)를 위한 배서만을 할 수 있다.
> 1. 회수하기 위하여
> 2. 추심(推尋)하기 위하여
> 3. 대리를 위하여
> 4. 그 밖에 단순히 대리권을 준다는 내용의 문구
>
> ② 제1항의 경우에는 어음의 채무자는 배서인에게 대항할 수 있는 항변으로써만 소지인에게 대항할 수 있다.

> 수표법 제23조(추심위임배서)
> ① 배서한 내용 중 다음 각 호의 어느 하나에 해당하는 문구가 있으면 소지인은 수표로부터 생기는 모든 권리를 행사할 수 있다. 그러나 소지인은 대리(代理)를 위한 배서만을 할 수 있다.
> 1. 회수하기 위하여
> 2. 추심(推尋)하기 위하여
> 3. 대리를 위하여
> 4. 그 밖에 단순히 대리권을 준다는 내용의 문구
>
> ② 제1항의 경우에는 채무자는 배서인에게 대항할 수 있는 항변으로써만 소지인에게 대항할 수 있다.

(1) 개념

배서인이 피배서인에게 어음·수표상 권리를 행사할 대리권을 부여할 목적으로 하는 배서를 추심위임배서라 한다. 권리이전 효과를 목적으로 하는 것이 아니므로 배서금지어음·수표에도 할 수 있다. ☆

(2) 작성방식

"대리를 위하여", "추심하기 위하여", "회수하기 위하여" 등의 추심위임문언을 기재해야 한다. 피배서인을 기재하지 않은 백지식 배서인 경우에는 점유자가 적법한 대리인으로 추정된다.

(3) 효력

① 피배서인에게 어음·수표로부터 생기는 모든 권리에 대한 포괄적·정형적인 대리권이 수여되는바, 이를 제한하더라도 대외적인 대리권 행사에 영향을 주지 못한다.

② 권리이전적 효력이 없는바 여전히 배서인이 어음·수표상의 권리를 가진다.

(i) 따라서 배서인은 어음·수표를 회수한 뒤 추심위임배서를 말소하지 않고서도 직접 권리를 행사할 수 있으며, 다시 양도배서를 하더라도 배서연속이 인정된다.

(ii) 반면에 피배서인은 권리자가 아니므로 양도배서를 할 수 없다. 다만 다시 추심위임배서를 할 수는 있다.

③ 자격수여적 효력에 의하여 적법한 대리인으로 추정된다. 다만 대리인 자격에 불과하므로, 추심위임배서를 신뢰한 선의취득은 불가능하다.

(4) 추심위임배서와 인적항변

① 추심위임배서는 권리이전적 효력이 없으므로 인적항변도 절단되지 않는다. 따라서 어음·수표의 채무자는 **배서인에 대한 항변**으로 피배서인에게 대항할 수 있다.

② 그러나 피배서인의 자격은 대리인에 불과하기 때문에 **피배서인에 대한 항변**으로 피배서인에게 대항할 수는 없다(어음법§18②, 수표법§23②). ☆

7. 숨은 추심위임배서

(1) 개념

숨은 추심위임배서란 내부적으로 당사자 사이에서는 추심위임을 의도한 것이지만 외형적으로는 통상의 양도배서 방식을 취한 배서를 의미한다.

(2) 판단기준

외형적으로는 양도배서이나 실질적으로는 숨은 추심위임배서임을 인정할지 여부는 당사자 의사해석의 문제로 해결한다. 당사자 사이에 추심위임을 위한 내부적 합의가 존재한다는 점에 대해서는 이를 주장하는 자가 입증할 책임을 부담한다(**판례**). 실제 판례 사안은 다음과 같다.

① 자기 계좌에 입금시키라는 취지로 어음·수표를 거래은행에게 양도배서한 경우에는 숨은 추심위임배서로 인정하였다(**판례**).

② 은행으로부터 받은 대출의 상환을 위해서 제3자 발행의 어음·수표를 교부한 경우에는 단순한 추심위임이 아니라 어음·수표상의 권리를 양도하려는 것으로 파악하여 통상의 양도배서로 인정하였다(**판례**).

(3) 법적 성질

통설은 신탁적 양도설을 취한다. 즉 양도배서의 외형을 갖춘 이상 대외적으로는 권리가 양도되지만, 대내적으로는 추심의 목적범위에서만 권리를 행사할 수 있다고 파악한다.

(4) 효력

원칙적으로 숨은 추심위임배서는 대외적으로 양도배서의 효력을 갖는다. 따라서 권리이전적 효력이 인정되고, 원칙적으로 인적항변이 절단된다. 배서연속에 의한 자격수여적 효력이 인정되고, 어음·수표 채무자가 피배서인에게 지급하면 면책력도 인정된다. 담보적 효력도 인정된다.

(5) 숨은 추심위임배서와 인적항변

① 배서인과 피배서인의 대내적 관계에서는 숨은 추심위임배서라는 인적항변으로 대항할 수 있다.

② 나아가 어음·수표 채무자는 숨은 추심위임배서의 배서인에 대한 인적항변으로 피배서인에게 대항할 수 있다. 피배서인은 독립적인 경제적 이익을 갖지 않기 때문에 인적항변의 절단이 인정되지 않는다(통설·판례).

〈도표 XI-6〉 추심위임배서와 숨은 추심위임배서의 효력 정리

	권리이전적 효력	인적항변의 절단	자격수여적 효력	선의취득	담보적 효력
추심 위임배서	×	×	○	×	×
숨은 추심 위임배서	○	×	○	×	○

8. (공연한) 입질배서

어음법 제19조(입질배서)
① 배서한 내용 중 다음 각 호의 어느 하나에 해당하는 문구가 있으면 소지인은 환어음으로부터 생기는 모든 권리를 행사할 수 있다. 그러나 소지인이 한 배서는 대리를 위한 배서의 효력만 있다.
1. 담보하기 위하여
2. 입질(入質)하기 위하여
3. 그 밖에 질권(質權) 설정을 표시하는 문구
② 제1항의 경우 어음채무자는 배서인에 대한 인적 관계로 인한 항변으로써 소지인에게 대항하지 못한다. 그러나 소지인이 그 채무자를 해할 것을 알고 어음을 취득한 경우에는 그러하지 아니하다.

(1) 개념

입질배서란 어음상 권리에 질권을 설정할 목적으로 하는 배서를 의미한다(어음법§19). 다만 배서금지어음의 경우 입질배서도 할 수 없다. 한편 수표에서는 입질배서가 아예 인정되지 않는다.

(2) 작성방식

"입질하기 위하여", "담보하기 위하여" 등의 질권설정 문구를 기재해야 한다. 피배서인의 성명을 기재하지 않는 백지식 배서도 가능하다.

(3) 효력

① 권리이전적 효력은 없으나 피배서인이 질권을 취득하게 된다.

② 피배서인은 질권이라는 독립적인 경제적 이익을 갖기 때문에 인적항변 절단효, 자격수여적 효력, 담보적 효력 등 배서의 거의 모든 효력이 인정된다. ☆

③ 피배서인은 권리자가 아니므로 양도배서를 할 온전한 권리가 없다. 다만

추심위임배서는 할 수 있다. 양도배서를 하더라도 추심위임배서의 효력만 있는 것으로 인정한다(어음법 § 19① 단서). ☆

(4) 민법상 질권과 구별(민법 § 353②, ③)

① 피담보채권이 입질된 어음금액에 미치지 못해도 어음금 전부를 청구할 수 있다.

② 피담보채권의 변제기와 상관없이 입질된 어음 만기에 어음금 지급을 청구할 수 있다.

9. 숨은 입질배서

(1) 의의

숨은 입질배서란 내부적을 당사자 사이에서는 질권 설정을 의도한 것이지만 외형적으로는 통상의 양도배서 방식을 취한 배서를 의미한다. 법적 성질은 신탁적 양도설에 의하여 파악한다.

(2) 효력

권리이전적 효력, 인적항변의 절단, 자격수여적 효력, 선의취득(신탁적 양도설에 의하면 온전한 소유권의 선의취득이 가능함), 담보적 효력이 모두 인정된다.

(3) 숨은 입질배서와 인적 항변

배서인은 피배서인과 대내적 관계에서 입질합의의 존재를 인적항변으로 대항할 수 있다.

〈도표 XI-7〉 입질배서와 숨은 입질배서의 효력 정리

	권리이전적 효력	인적항변의 절단	자격수여적 효력	선의취득	담보적 효력
입질 배서	×	○	○	○	○
숨은 입질 배서	○	○	○	○	○

〈도표 XI-8〉 특수배서의 효력 정리

	권리이전적 효력	인적항변 절단효	자격수여적 효력	선의취득 허용	담보적 효력
무담보배서	○	○	○	○	×
배서금지배서	○	○	○	○	△
환배서	○	×	○	○	○
기한후배서	○	×	○	×	×
추심 위임배서	×	×	○	×	×
숨은 추심 위임배서	○	×	○	×	○
입질배서	×	○	○	○	○
숨은 입질배서	○	○	○	○	○

연습문제

XI-1. 기한후배서에 관한 설명 중 옳은 것을 모두 고른 것은? (다툼이 있는 경우 판례에 의함) **[2023년 변호사시험 기출]**

ㄱ. 백지식으로 배서가 된 약속어음의 소지인이 지급거절증서 작성기간이 경과되기 전에 배서일이 백지로 된 채 배서에 의하여 그 약속어음을 양도받은 것이라면, 지급거절증서 작성기간이 경과된 후에 배서일을 지급거절증서 작성기간 경과 전으로, 피배서인을 자신으로 각 보충을 하였다고 하더라도 기한후배서로 볼 수 없다.

ㄴ. 기한후배서는 보통의 배서와는 달리 지명채권양도의 효력밖에 없어 그것에 의하여 이전되는 권리는 배서인이 배서 당시 가지고 있던 범위의 권리라 할 것이므로 어음채무자는 그 배서 당시 이미 발생한 배서인에 대한 모든 항변사실을 피배서인에 대하여도 대항할 수 있다.

ㄷ. 만기후배서도 그것이 지급거절증서 작성 전 또는 지급거절증서 작성기간 경과 전에 이루어진 것이면 만기 전의 배서와 동일한 효력을 갖는다.

ㄹ. 융통어음의 발행인은 피융통자로부터 기한후배서에 의하여 그 어음을 양수한 제3자에 대하여 대가 없이 발행된 융통어음이라는 항변으로 대항할 수 있다.

① ㄱ, ㄴ
② ㄷ, ㄹ
③ ㄱ, ㄴ, ㄷ
④ ㄱ, ㄷ, ㄹ
⑤ ㄴ, ㄷ, ㄹ

해설 XI-1

ㄱ. (O) 백지 보충이 아직 이루어지지 않았더라도 실제 배서행위가 이루어진 시점이 지급제시기간 내이므로 기한후배서가 아니다.

ㄴ. (O) 기한후배서는 인적항변 절단의 효과가 없는바 기한후배서의 당시에 존재하는 모든 항변사유가 피배서인에게 승계된다.

ㄷ. (O) 만기후배서는 기한후배서와 달리 일반 배서의 효력을 갖는다.

ㄹ. (X) 융통어음을 발행한 자는 융통어음을 양수한 제3자에게 대가 없이 발행된 융통어음이라는 이유로 대항할 수 없으며, 이는 양수인이 기한후배서에 의하여 융통어음을 취득하였더라도 마찬가지이다(판례).

연습문제

XI-2. 甲은 만기가 2017. 5. 29.이고 수취인란이 백지인 약속어음을 발행하여 乙에게 교부하였으며, 乙은 배서를 하지 않고 이를 丙에게 교부하였다. 丙은 2017. 5. 30. 수취인란에 자신의 이름을 기재하고 즉시 그 어음을 丁에게 배서·양도하였으며, 丁은 2017. 7. 1. 이를 戊에게 배서·양도하였다. 이에 관한 설명 중 옳은 것을 모두 고른 것은? (다툼이 있는 경우 판례에 의함) **[2018년 변호사시험 기출]**

ㄱ. 丁에게 어음상의 권리가 적법하게 양도되었으나 이는 지명채권양도의 효력만 있다.

ㄴ. 戊가 甲에 대하여 어음상의 권리를 행사하기 위해서는 丁의 통지 또는 甲의 승낙이 있어야 한다.

ㄷ. 甲은 丁에 대한 인적항변으로 戊에게 대항할 수 있다.

ㄹ. 丁이 戊로부터 어음을 회수하더라도 乙에 대한 상환청구권은 발생하지 않는다.

ㅁ. 戊로부터 어음을 회수한 丙의 어음금청구를 받은 甲은 丙이 甲을 해할 것을 알고 어음을 취득한 경우에도 乙에 대한 인적항변으로 대항할 수 없다.

① ㄱ, ㄴ ② ㄱ, ㄷ ③ ㄴ, ㄹ
④ ㄷ, ㄹ ⑤ ㄹ, ㅁ

해설 XI-2

ㄱ. (X) 정은 만기후배서에 의하여 어음을 취득하였으므로 일반 배서의 모든 효력이 발생한다.

ㄴ. (X) 기한후배서가 지명채권 양도의 효력만을 갖지만, 그렇다고 해서 지명채권 양도방법을 취해야 하는 것은 아니므로 통지·승낙 등의 대항요건을 갖출 필요는 없다.

ㄷ. (O) 갑이 정에게 인적항변으로 대항할 수 있다면, 갑은 정으로부터 기한후배서에 의하여 어음을 취득한 무에게도 마찬가지로 대항할 수 있다. 기한후배서는 인적항변을 절단하는 효과가 없기 때문이다.

ㄹ. (O) 을은 배서를 하지 않고 교부 방식에 의하여 어음을 양도하였으므로 배서에 의한 담보적 효력이 발생할 수 없다. 따라서 을은 상환의무를 부담하지 않는다.

ㅁ. (X) 수취인 백지로 발행된 백지어음을 인도(교부) 방식으로 양도하는 것도 가능하며, 이때에도 인적항변이 절단되는 효과가 인정된다. 다만 본 지문에서와 같이 양수인(병)이 채무자(갑)를 해할 것을 알고 어음을 취득하였다면 그 인적항변은 절단되지 않으며, 갑은 을에 대한 인적항변으로 해의가 인정되는 병에게 대항할 수 있다.

연습문제

XI-3. 어음의 배서에 관한 다음 설명 중 옳지 않은 것은? (다툼이 있는 경우 판례에 의함) **[2019년 8월 모의고사 기출]**

① 지급거절증서가 작성된 후에 한 배서 또는 지급거절증서 작성기간이 지난 후에 한 배서는 지명채권양도의 효력만 있다.

② 배서한 내용 중 '담보하기 위하여'라는 문구가 기재된 경우 소지인은 어음으로부터 생기는 모든 권리를 행사할 수 있으나, 소지인이 한 배서는 대리를 위한 배서의 효력만 있다.

③ 배서한 내용 중 '회수하기 위하여'라는 문구가 있으면 해당 어음의 채무자는 배서인에게 대항할 수 있는 항변으로써만 소지인에게 대항할 수 있다.

④ 배서인은 자기의 배서 이후에 새로 하는 배서를 금지할 수 있는데, 이 경우 그 배서인은 어음의 그 후의 피배서인에 대하여 담보의 책임을 지지 않는다.

⑤ 추심위임의 목적으로 하는 통상의 양도배서도 유효하고, 이 경우 인적항변이 절단된다.

해설 XI-3

① 기한후배서는 지명채권양도의 효력만 있다.

② 입질배서의 피배서인이 한 배서는 추심위임배서만 할 수 있는바, 양도배서를 하더라도 추심위임배서의 효력만 인정된다.

③ 어음채무자는 추심위임배서의 배서인에게 대항할 수 있는 항변으로는 피배서인에게 대항할 수 있는 반면 피배서인에 대한 항변으로는 피배서인에게 대항할 수 없다.

④ 배서금지배서의 배서인은 자신으로부터 배서양도를 받은 피배서인에게는 담보 책임을 부담하지만, 자신의 피배서인으로부터 배서양도를 받은 피배서인들에게는 담보 책임을 부담하지 않는다.

⑤ 숨은 추심위임배서는 신탁적 양도설에 의하여 대외적으로 통상의 양도배서 효과를 갖지만, 숨은 추심위임배서의 피배서인은 독립적인 경제적 이익을 갖는 자가 아니기 때문에 인적항변이 절단되는 효과는 발생하지 않는다. (정답)

어음 · 수표법 강의

XII

어음 · 수표의 지급결제

어음·수표의 지급결제

1. 지급제시

어음법 제38조(지급 제시의 필요) ① 확정일출급, 발행일자 후 정기출급 또는 일람 후 정기출급의 환어음 소지인은 지급을 할 날 또는 그날 이후의 2거래일 내에 지급을 받기 위한 제시를 하여야 한다.

수표법 제29조(지급제시기간) ① 국내에서 발행하고 지급할 수표는 10일 내에 지급을 받기 위한 제시를 하여야 한다.

(1) 의의

지급제시란 어음·수표 소지인이 지급을 받기 위하여 지급인 등에게 어음·수표를 제시하는 것을 의미한다. 어음·수표를 단순히 점유하고 있는 무권리자가 지급제시할 수는 없다. 지급제시 없이는 어음채무자가 이행지체에 빠지지 않는다.

(2) 지급제시의 방법

완전한 어음·수표를 현실로 제시해야 적법한 지급제시가 된다. 사본이나 백지어음으로는 지급제시의 효력이 없다. 다만 예외적으로 재판상 청구할 때에는 실물제시가 없더라도 소장·지급명령의 송달에 의하여 적법한 지급제시가 인정된다. ☆

(3) 지급제시기간

① 어음은 지급을 할 날 또는 그 날 이후의 2거래일 내에 지급제시를 해야 한다(어음법 § 38①). 만기가 법정휴일이면 이후의 제1거래일로 연장된다. ☆

② 다만 일람출급의 환어음은 발행일로부터 1년 내에 지급을 받기 위한 제시를 하여야 한다. 이와 같이 제시된 때에 일람출급 어음의 만기로 된다(어음법 § 34①). ☆

③ 수표는 발행일로부터 10일 내에 지급제시를 해야 한다(수표법 § 29①).

(4) 지급제시의 장소

추심채무의 원칙상 **지급지**에 있는 발행인 등의 영업소·주소·거소에서 지급제시를 하는 것이 원칙이다. 다만 **제3자방 지급어음·수표**의 경우에는 결제자금을 마련해 놓기로 한 **지급장소·지급담당자**가 지정된 것이므로 이를 따라야 하며, 이와 다른 장소에서 지급제시를 하는 것이 오히려 허용되지 않는다. ☆

(5) 지급제시의 효과

① 지급제시가 있었음에도 불구하고 즉시 지급하지 않으면 이행지체 책임이 발생한다. 즉 지급제시일 다음 날부터 연 6%의 지연이자가 적용된다(상법 § 65).

② 지급제시에 대하여 지급거절을 한다면 어음·수표 소지인은 상환청구권을 행사할 수 있다. 이 경우에는 지급제시일이 언제였는지와는 무관하게 만기로부터 연 6%의 법정이자를 상환의무자에게 정형적으로 청구할 수 있다(어음법 § 48① 제2호).

cf. 지급거절은 임의지급을 거절하는 것에 불과한바, 어음·수표 채무자의 법적 책임은 그와 무관하게 존속한다. ☆

(6) 지급제시를 하지 않는 경우

① 지급제시기간 내에 지급제시하지 않으면 어음·수표 소지인은 상환청구권을 상실한다. ☆

② 지급제시 여부와 무관하게 어음의 주채무자(발행인, 인수인)에게는 소멸시효 3년이 경과하기 전까지 권리를 행사할 수 있다. ☆☆

③ 지급제시기간이 경과하였더라도 수표 지급인은 지급위탁 취소가 없는 한 발행인 계산으로 지급할 수 있다(수표법 § 32②). ☆

(7) 지급제시의 면제

① 지급제시면제의 특약을 한 당사자 사이에서는 지급제시 없이도 만기 이후 이행지체 책임이 인정된다.

② 지급거절증서작성면제 문구가 있다면 적법한 지급제시가 있었던 것으로 추정된다(**판례**). 다만 실제로 지급제시를 하지 않았음을 반증하여 추정을 번복할 수 있다. ☆

2. 지급

제39조(상환증권성 및 일부지급)
① 환어음의 지급인은 지급을 할 때에 소지인에게 그 어음에 영수(領受)를 증명하는 뜻을 적어서 교부할 것을 청구할 수 있다.
② 소지인은 일부지급을 거절하지 못한다.
③ 일부지급의 경우 지급인은 소지인에게 그 지급 사실을 어음에 적고 영수증을 교부할 것을 청구할 수 있다.

제40조(지급의 시기 및 지급인의 조사의무)
① 환어음의 소지인은 만기 전에는 지급을 받을 의무가 없다.
② 만기 전에 지급을 하는 지급인은 자기의 위험부담으로 하는 것으로 한다.
③ 만기에 지급하는 지급인은 사기 또는 중대한 과실이 없으면 그 책임을 면한다. 이 경우 지급인은 배서의 연속이 제대로 되어 있는지를 조사할 의무가 있으나 배서인의 기명날인 또는 서명을 조사할 의무는 없다.

수표법 제28조(수표의 일람출급성) ① 수표는 일람출급(一覽出給)으로 한다. 이에 위반되는 모든 문구는 적지 아니한 것으로 본다.

수표법 제34조(상환증권성 및 일부지급)
① 수표의 지급인은 지급을 할 때에 소지인에게 그 수표에 영수(領受)를 증명하는 뜻을 적어서 교부할 것을 청구할 수 있다.
② 소지인은 일부지급을 거절하지 못한다.
③ 일부지급의 경우 지급인은 소지인에게 그 지급 사실을 수표에 적고 영수증을 교부할 것을 청구할 수 있다.

제35조(지급인의 조사의무) ① 배서로 양도할 수 있는 수표의 지급인은 배서의 연속이 제대로 되어 있는지를 조사할 의무가 있으나 배서인의 기명날인 또는 서명을 조사할 의무는 없다.

(1) 의의

주채무자 또는 지급인이 지급하면 어음·수표관계가 완전히 소멸한다. 한편 상환의무자가 지급한 경우에는 본인과 후자의 채무가 소멸하지만 전자와의 관계는 존속한다.

(2) 어음의 지급과 면책 여부

① 만기의 지급

지급제시기간 내에 이루어진 지급을 만기의 지급이라 한다. 이 경우 소지인이 무권리자라도 지급인에게 사기·중과실이 없다면 선의지급 규정이 적용되어서 면책된다(어음법§40③). 지급인이 면책될 경우, 실제 권리자는 지급을 받은 무권리자에게 반환을 청구할 수 있다.

② 만기전 지급

소지인이 동의하면 만기전 지급도 가능하다. 그러나 선의지급 규정이 적용되지 않으므로 지급받은 소지인이 무권리자라면 지급인은 이중지급의 위험을 부담한다(어음법§40②). 반면에 소지인이 만기전 지급의 수령을 거절할 수도 있다. 그래도 이행지체 책임이 발생하는 것은 아니다(어음법§40①).

③ 만기후 지급

지급제시기간 경과 후에도 주채무자가 지급하는 경우에는 선의지급 규정이 적용된다. 반면에 지급인은 위탁취지에 반하므로 지급할 수 없으며 이 경우 당연히 선의지급 보호도 없다.

(3) 수표의 지급과 면책 여부

지급제시기간 내에 지급하면 선의지급 규정이 적용되어서 지급인이 면책된다(수표법§35①). 지급제시기간 경과 후에도 지급위탁의 취소가 없는 한 지급인이 발행인의 계산으로 임의 지급하는 것이 허용된다(수표법§32②). 이때 선의지급 규정을 적용하여 지급인이 면책되는 것으로 해석한다.

(4) 지급인의 조사의무

① 원칙

만기의 지급을 하는 지급인은 배서연속과 같은 형식적 자격을 조사할 의무만을 부담하며, 형식적 자격에 문제가 없다면 지급인에게 사기·중과실이 없는 한 책임을 면한다(어음법§40③, 수표법§35①).

② 조사의무의 범위

지급인은 배서연속 및 형식적 유효성에 대해서만 조사할 의무를 부담한다는 것이 통설이다. 소지인의 신분증 대조 등 본인확인 절차는 조사의무 범위에 포함되지 않는다. 더군다나 지급인이 실질적 권리관계에 대해서까지 조사할 의무를 부담하지는 않는다. ☆

③ 실질적 무권리에 관한 사기·중과실

지급인은 소지인이 실질적으로 무권리자라는 사정에 관한 사기·중과실이 없어야 한다. 이때 '사기'란 소지인이 무권리자라는 사실을 용이하게 입증할 증거방법이 있음에도 불구하고 지급하는 것을 의미하며, '중과실'이란 지급인이 통상적인 조사를 하였다면 소지인이 무권리자라는 사실을 알 수 있었음에도 불구하고 이를 게을리 하여 용이한 증거방법을 확보하지 않고 만연히 지급하는 것을 의미한다.

④ 지급인의 실질적 조사권 인정여부

소지인의 무권리를 의심할 사정이 있는 경우에 지급인이 실질적 권리관계를 조사한다면 그 과정에서 지급이 지체될 수 있다. 이때 통설은 지급인이 실질적으로 조사하려면 자신의 위험부담으로 해야 한다고 본다. 즉 조사 결과 무권리자인 것으로 판명되면 문제가 없겠으나, 실제로 적법한 권리자였다면 지급인은 지급제시를 받은 때로부터 이행지체 책임을 부담하게 된다.

(5) 지급의 유예

① 원칙

당사자 사이에 지급유예의 합의를 하는 것은 유효하며, 이러한 합의는 인적 항변 사유로 주장할 수 있다. 어음관계자 전원의 합의에 의하여 만기를 변경하여 기재하는 것도 가능하다. 반면에 만기 이후 소지인의 권리행사를 일방적으로 정지하는 방식의 은혜일은 허용되지 않는다(어음법§74, 수표법§62).

② 어음개서

(i) 의의

어음의 만기를 연장하기 위해 변경된 만기를 기재한 새로운 어음을 발행하는 방식을 어음개서라 한다. 어음개서의 법적 성격은 **대물변제**로 파악하는 것이 통설이다. 즉 구어음상 채무의 변제를 위해 신어음을 교부하는 것이므로 회수된 구어음상 채무는 소멸하고 그 대신 이와 실질적으로 동일성을 갖는 신어음상 채무만 존속한다(**판례**).

(ii) 효력

회수된 구어음상 채무에 대한 담보는 신어음상 채무에 승계되어 존속한다(**판례**). 또한 구어음상 존재하던 인적항변도 신어음과 관련하여 제기할 수 있다.

(iii) 이중지급의 위험

구어음과 신어음이 동시에 유통될 수 있으므로 구어음을 회수할 필요가 있다. 만약에 구어음을 회수하지 않았다면 대물변제가 성립할 수 없고 신어음과 구어음상 채무는 병존한다. 따라서 구어음상 채무에 대한 담보는 구어음에 여전히 존속한다(**판례**). 다만 구어음에 대한 지급유예특약을 신어음의 원인관계상 인적항변으로 주장할 수 있을 것이다.

(6) 지급의 방법

① 조건부 지급은 유해적 기재사항이다. 즉 "만원권으로 지급"과 같은 조건을 붙이면 어음·수표가 무효이다.

② 상환증권성에 의하여 어음·수표금의 지급과 어음·수표의 반환은 동시이행의 관계에 있다.

③ 어음·수표금액의 일부만 지급하는 것도 유효하다. 소지인이 **일부지급**의 수령을 거절하면 해당 금원 범위에서는 지급거절이 인정되지 않기 때문에 상환청구권이 제한된다. 소지인은 어음·수표에 일부지급의 사실을 기재하고 영수증을 교부해야 한다(어음법§39, 수표법§34).

3. 상환청구

어음법 제43조(상환청구의 실질적 요건) 만기에 지급이 되지 아니한 경우 소지인은 배서인, 발행인, 그 밖의 어음채무자에 대하여 상환청구권(償還請求權)을 행사할 수 있다.

어음법 제44조(상환청구의 형식적 요건) ① 인수 또는 지급의 거절은 공정증서(인수거절증서 또는 지급거절증서)로 증명하여야 한다.

어음법 제47조(어음채무자의 합동책임)
① 환어음의 발행, 인수, 배서 또는 보증을 한 자는 소지인에 대하여 합동으로 책임을 진다.
② 소지인은 제1항의 어음채무자에 대하여 그 채무부담의 순서에도 불구하고 그중 1명, 여러 명 또는 전원에 대하여 청구할 수 있다.
③ 어음채무자가 그 어음을 환수한 경우에도 제2항의 소지인과 같은 권리가 있다.
④ 어음채무자 중 1명에 대한 청구는 다른 채무자에 대한 청구에 영향을 미치지 아니한다. 이미 청구를 받은 자의 후자(後者)에 대하여도 같다.

어음법 제50조(상환의무자의 권리)
① 상환청구(償還請求)를 받은 어음채무자나 받을 어음채무자는 지급과 상환(相換)으로 거절증서, 영수를 증명하는 계산서와 그 어음의 교부를 청구할 수 있다.
② 환어음을 환수한 배서인은 자기의 배서와 후자의 배서를 말소할 수 있다.

어음법 제53조(상환청구권의 상실)
① 다음 각 호의 기간이 지나면 소지인은 배서인, 발행인, 그 밖의 어음채무자에 대하여 그 권리를 잃는다. 그러나 인수인에 대하여는 그러하지 아니하다.
1. 일람출급 또는 일람 후 정기출급의 환어음의 제시기간
2. 인수거절증서 또는 지급거절증서의 작성기간
3. 무비용상환의 문구가 적혀 있는 경우에 지급을 받기 위한 제시기간

수표법 제39조(상환청구의 요건) 적법한 기간 내에 수표를 제시하였으나 지급받지 못한 경우에 소지인이 다음 각 호의 어느 하나의 방법으로 지급거절을 증명하였을 때에는 소지인은 배서인, 발행인, 그 밖의 채무자에 대하여 상환청구권(償還請求權)을 행사할 수 있다.
1. 공정증서(거절증서)
2. 수표에 제시된 날을 적고 날짜를 부기한 지급인(제31조제2항의 경우에는 지급인의

위임을 받은 제시은행)의 선언
3. 적법한 시기에 수표를 제시하였으나 지급받지 못하였음을 증명하고 날짜를 부기한 어음교환소의 선언

수표법 제43조(수표상의 채무자의 합동책임)
① 수표상의 각 채무자는 소지인에 대하여 합동으로 책임을 진다.
② 소지인은 제1항의 채무자에 대하여 그 채무부담의 순서에도 불구하고 그중 1명, 여러 명 또는 전원에 대하여 청구할 수 있다.
③ 수표의 채무자가 수표를 환수한 경우에도 제2항의 소지인과 같은 권리가 있다.
④ 수표의 채무자 중 1명에 대한 청구는 다른 채무자에 대한 청구에 영향을 미치지 아니한다. 이미 청구를 받은 자의 후자(後者)에 대하여도 같다.

수표법 제46조(상환의무자의 권리)
① 상환청구(償還請求)를 받은 채무자나 받을 채무자는 지급과 상환(相換)으로 거절증서 또는 이와 같은 효력이 있는 선언, 영수를 증명하는 계산서와 그 수표의 교부를 청구할 수 있다.
② 수표를 환수한 배서인은 자기의 배서와 후자의 배서를 말소할 수 있다.

(1) 의의

상환청구란 어음·수표의 지급제시기간에 지급제시를 하였음에도 불구하고 지급거절이 되었다는 등의 이유로 소지인이 어음·수표 채무자에게 어음·수표금 등의 지급을 청구하는 것을 의미한다. 종전에 소구(권)라고 표현하던 것이 법 개정에 의하여 현재 상환청구(권)로 바뀌었다.

(2) 상환의무자

① 인정범위

상환청구권자인 어음·수표 소지인은 상환의무자에게 상환청구권을 행사할 수 있다. 이때 어음·수표행위자 중 주채무자를 제외한 채무자 전원이 상환의무자에 해당한다. 다만 어음·수표행위자 중 담보책임을 부담하지 않는 경우는 제외된다. 즉 (i) 추심위임배서, 기한후배서와 같이 담보적 효력이 아예 없거나 (ii)

무담보배서, 배서금지배서와 같이 담보책임이 배제된 경우에는 상환의무를 부담하지 않는다. (iii) 나아가 주채무가 소멸하면 부종성에 의하여 상환의무도 소멸한다.

② 상호관계: 합동책임

상환의무자들은 합동책임을 부담하는 관계에 있다(어음법§47, 수표법§43). 즉 상환의무자 1인에 대한 이행청구는 다른 상환의무자에게 아무 효력이 없고, 채무를 이행한 상환의무자는 다른 상환의무자에게 구상권을 가지지 않지만 어음법·수표법상 전자에게 재상환청구를 할 수 있다. 상환의무자 1인의 이행은 본인과 후자의 채무만 소멸시키고, 전자 및 주채무자의 채무에는 영향이 없다. ☆

(3) 요건

① 실질적 요건: 적법한 지급제시와 지급거절

(i) 원칙

소지인이 만기에 적법한 지급제시를 하였음에도 불구하고 지급거절이 된 경우에는 상환청구를 할 수 있다(어음법§43 제1문). 이때 지급제시는 반드시 실제로 해야 하는 요건이기 때문에 지급인이 미리 지급거절의 의사를 밝혔더라도 지급제시가 필요하며, 지급거절증서의 작성이 면제되었어도 지급제시의 행위는 있어야 한다. 한편 지급거절이란 부재·소재불명으로 사실상 지급받을 수 없는 경우도 포함하여 해석한다.

(ii) 만기 전의 상환청구

지급의 가능성이 현저하게 감소된 경우라면 소지인은 만기 전에도 상환청구를 할 수 있다(어음법§43 제2문). 인수거절, 인수인·지급인의 파산·지급정지·강제집행 부주효, 인수제시를 금지한 발행인의 파산과 같은 경우를 예로 들 수 있다.

② 형식적 요건: 거절증서의 작성 또는 작성면제

인수거절 또는 지급거절을 입증하는 증서의 작성이 필요하다(어음법§44, 수표법§39). 수표의 경우에는 지급거절증서 작성 이외에 지급인의 선언과 어음교환소의 선언도 포함된다. 다만 상환의무자는 자신의 이익을 포기할 수 있으므로 소지인으로 하여금 거절증서를 작성하지 않고도 상환청구를 할 수 있도록 거절증서작성 요건을 면제할 수 있다.

(i) 지급거절증서 작성면제의 방법

면제권자는 상환의무자이다. 상환의무자들 중에서 (i) 발행인이 면제하면 모든 상환의무자에게 효력이 발생하고, (ii) 배서인·보증인 등이 면제하면 그 당사자에게만 효력이 있다. 면제권자의 기명날인 또는 서명이 필요하며, 면제의 취지에서 "거절증서작성면제", "거절증서불필요", "무비용상환" 등의 문구를 기재해야 한다.

(ii) 지급거절증서 작성면제의 효력

거절증서의 작성을 면제함으로써 소지인은 법정기간 내에 지급제시 및 지급거절의 통지를 하였다는 추정을 받는다. 따라서 소지인은 거절증서 작성 없이 상환청구를 할 수 있다. 그러나 지급제시 및 지급거절의 통지와 같은 사실행위에 대해서까지 면제된 것은 아니기 때문에 이러한 행위를 실제로 하지 않았음을 상환의무자가 입증한다면 상환청구권이 상실되고 상환의무자는 책임을 면한다.

③ 불가항력 상황

지급제시기간은 불변기간이므로 중단될 수 없지만 지급제시 또는 거절증서 작성을 할 수 없는 불가항력이 인정되는 경우에는 다음과 같은 특칙이 적용된다(어음법§54, 수표법§47).

(i) 불가항력이 단기(어음은 만기로부터 30일, 수표는 불가항력 통지로부터 15일)로 끝나면 사유 종결 후 지체없이 지급제시 및 거절증서 작성이 이루어져야 한다.

(ii) 불가항력이 장기간 지속되면 상환청구권 보전절차를 면제하고 소지인은 지급제시 및 거절증서 작성 없이 상환청구할 수 있다.

(4) 상환청구를 위한 절차

① 지급거절의 통지

(i) 의의

상환청구권자는 상환의무자에게 지급거절 상황임을 통지해야 한다(어음법§45, 수표법§41). 이는 순차통지주의에 의하는바 소지인은 자신의 직접 전자에게, 또 통지를 받은 자는 자신의 직접 전자에게 통지하면 된다. 이에 더하여 환어음·수표의 소지인은 지급인의 지급거절 사실을 발행인에게도 함께 통지해야 한다.

(ii) 통지의무 위반의 효과

적법한 기간 내에 통지를 하지 못하더라도 상환청구권을 상실하는 것은 아니다. 다만 지급거절 사실을 통지해주지 않고 갑자기 상환청구를 함으로써 상환의무자가 급전 마련을 위해 과도한 금리를 부담하는 등 불필요한 비용이 발생하였다면 어음·수표의 액면금을 한도로 손해배상책임을 부담하게 된다.

② 상환청구금액

상환청구권자가 청구할 수 있는 금액은 다음과 같이 법정되어 있다(어음법§48①, 수표법§44). ☆

(i) 인수·지급되지 않은 어음·수표금액 및 이자 기재 금액

(ii) 연 6% 이율로 계산한 만기 이후의 법정이자

(iii) 거절증서작성 비용 및 통지 비용 등의 기타 비용

③ 상환의 청구 및 이행

(i) 소지인은 상환의무자 중에서 전원 또는 수인을 상대방으로 지정하여 상환청구를 할 수 있다.

(ii) 상환의무자는 지급과 상환하여 어음·수표, 거절증서 또는 이와 동일한 효력이 있는 선언, 영수를 증명하는 계산서의 교부를 청구할 수 있다(어음법§50①, 수표법§46①). 어음·수표를 환수해야 이중지급의 위험을 제거할 수 있다. 또한 위 서류들은 재상환청구 과정에서 다시 재상환의무자에게 제시해야 한다. 따라서 위 서류들을 상환받지 않으면 상환의

무자는 지급을 거절할 수 있다.

(iii) 상환의무자가 일부지급을 할 경우에 어음·수표는 소지인이 보관하되 영수증을 작성해서 교부한다.

(iv) 상환의무를 이행하고 어음·수표를 회수한 상환의무자는 본인과 후자의 배서를 적법하게 말소할 수 있다(어음법 § 50②, 수표법 § 46②). ☆

4. 재상환청구

(1) 의의

① 개념

상환의무자가 자신의 상환의무를 이행한 뒤 자신의 전자에게 다시 상환의무 이행을 청구하는 것을 재상환청구라 한다.

② 법적 성질

(i) **권리회복설**에 의하면, 배서에 의한 권리이전은 어음·수표의 환수를 해제조건으로 양도한 것으로 파악한다. 즉 어음·수표를 회수한 배서인은 배서 전에 본인이 가지고 있던 권리를 회복하여 종전의 지위를 되찾은 것이라고 주장한다.

(ii) 통설은 **권리재취득설**의 입장을 취한다. 즉 배서에 의한 권리이전은 확정적인 것인데, 배서인이 상환의무를 이행함으로써 재상환청구권자의 지위를 부여받음으로써 어음·수표상의 권리를 법률에 의하여 재취득한 것이라고 해석한다.

(2) 요건

상환의무자가 **상환청구권자**에게 자신의 상환의무를 이행했어야 재상환청구권이 발생한다. 그런데 위 요건을 갖추지 못한 상황에서 자발적 상환을 해 준 경우에 다음과 같이 예외적 판례들이 존재한다.

① 백지식 배서를 받아 교부 방식으로 양도한 자, 수취인이 백지인 어음·수표를 교부 방식으로 양도한 자는 어음·수표 채무를 부담하지 않으므로 상환의무자가 될 수 없으며, 이러한 자들은 자발적으로 상환을 해주어도 재상환청구권이 발생하지 않는 것이 원칙이다. 다만 이때 **자발적 상환자는 소지인이 자신의 전자들에 대하여 가지고 있던 상환청구권을 지명채권 양도방법으로 양수하였다고 볼 수 있으므로 전자에 대한 상환청구가 가능하다(판례)**. 즉 자발적 상환자에게

법적으로 재상환청구권이 인정되지는 않지만 자신의 전자에게 상환받을 수 있다는 결과는 동일하다.

② 무권리자 또는 상환청구권을 상실한 자는 상환청구권자가 될 수 없으므로 이들에게 자발적으로 상환을 해주어도 재상환청구권은 발생하지 않는 것이 원칙이다. 배서인 갑이 거절증서작성을 면제하였더라도, 거절증서작성을 면제하지 않은 후자 을과의 관계에서 거절증서를 작성하지 않은 병은 상환청구권자가 될 수 없으므로 을이 자발적으로 상환을 해주어도 을의 재상환청구권은 발생하지 않는 것이 원칙이다. 그러나 <**판례**>는 갑이 일단 거절증서의 작성을 면제한 이상 후자 을이 거절증서 없이 병의 상환청구에 응한 것을 탓할 수 없다며 갑의 을에 대한 재상환의무를 인정하였다.

(3) 재상환의무의 이행

① 재상환의무자는 지급과 상환하여 어음·수표, 거절증서 또는 이와 동일한 효력이 있는 선언, 영수를 증명하는 계산서의 교부를 청구할 수 있다.

② 재상환청구금액은 상환청구에 응하여 지급한 금액으로 한정된다는 점에서 상환청구금액과 구별된다. 그 밖에 법정이자(연 6% 이율로 계산한 만기 이후의 법정이자) 및 기타 비용은 상환청구금액과 동일하다(어음법§49, 수표법§45).

(4) 인적항변의 문제

甲이 乙에게 발행한 약속어음이 丙, 丁의 순서로 유통된 경우에 丙이 어음소지인 丁에게 어음금을 지급하고 어음을 회수한 뒤 乙에게 재상환청구권을 행사하는 경우에 다음과 같은 인적항변이 가능할지 문제이다. 우선 乙은 丙에 대한 기존의 인적항변으로 여전히 재상환청구에 대항할 수 있으며, 이는 인적항변의 속인성에 근거한다. 반면에 乙은 丁에 대한 인적항변으로 丙에게 대항할 수 없다. 소지인 丁의 어음·수표를 상환의무자 丙이 환수하는 과정에서는 乙의 丁에 대한 인적항변 사유가 丙에게 승계될 여지가 없기 때문이다. ☆

연습문제

XII-1. A는 어음금액 '100만원', 지급기일 '2023. 3. 10.'로 기재한 약속어음을 발행하여 B에게 교부하였고, B는 이 어음을 C에게 배서양도하였다. C는 2023. 3. 10.에 A와 지급기일을 '2023. 4. 10.'로 연장하는 대신 어음금액을 '200만원'으로 변경하는 합의를 하고 어음문구를 변경하였다(B는 A와 C 사이에 이루어진 이 같은 변경 합의를 전혀 알지 못했음). 그런데 C는 2023. 3. 20.에 임의로 어음금액을 '300만원'으로 변경하여 D에게 배서양도하였다. D는 2023. 4. 11.에 A에게 어음금액 300만원의 지급을 청구하였으나 A가 어음금의 지급을 거절하였다. 이에 관한 설명 중 옳은 것은? (다툼이 있는 경우 판례에 의함) **[2023년 10월 모의고사]**

① D는 B에게 상환청구를 할 수 없다.
② A는 D에게 어음금액과 관련하여 변조의 항변을 할 수 없다.
③ C는 어음금액 200만원을 한도로 상환채무를 부담하는 자이다.
④ 만일 D가 소지한 위 어음의 앞면에 아무런 문구 없이 '갑'의 기명날인만 있다면, 갑이 B를 보증한 것으로 본다.
⑤ 만일 D가 위 어음을 그대로 소지하다가 2023. 4. 15.에 E에게 배서했다면 D는 E에 대하여 어음금액 300만원의 상환의무를 부담한다.

해설

① 변조 전에 어음행위를 한 자는 변조 전의 문구에 의하여 어음상 책임을 부담한다. 본 사안에서 B는 어음금 100만원·만기 2023. 3. 10.로 기재된 어음에 배서하였고 이는 변조 전이었으므로 B는 위 만기로부터 2거래일 내에 지급제시를 하여 상환청구권을 보전한 자에게만 상환의무를 부담한다. 그러나 D는 위 지급제시기간을 경과한 이후인 2023. 4. 11.에 지급제시를 하였으므로 B에 대한 상환청구권을 보전하지 못하였다. (정답)

② A는 B와 어음금액 100만원을 200만원으로 변경하는 합의를 하였으나,

B는 어음금액을 300만원으로 변경하였으므로 이와 같이 합의를 위반한 내용 변경은 A에 대한 변조에 해당한다.

③ C는 변조 후의 배서인으로서 변조된 어음금액 300만원 전부에 대하여 상환할 책임을 부담한다.

④ 어음 앞면에 단순히 기명날인 또는 서명을 한 자는 발행인(A)을 위한 보증을 한 것으로 본다.

⑤ D는 변조 후에 어음행위를 한 자이므로 변조 문구인 어음금 300만원·만기 2023. 4. 10.에 해당하는 어음상 책임을 부담한다. 그런데 D는 만기로부터 2거래일이 경과한 2023. 4. 15.에 배서하였으므로 기한후배서에 해당한다. 기한후배서는 담보적 효력이 없으므로 D는 기한후배서의 피배서인 E에게 상환의무를 부담하지 않는다.

어음·수표상 권리의 소멸

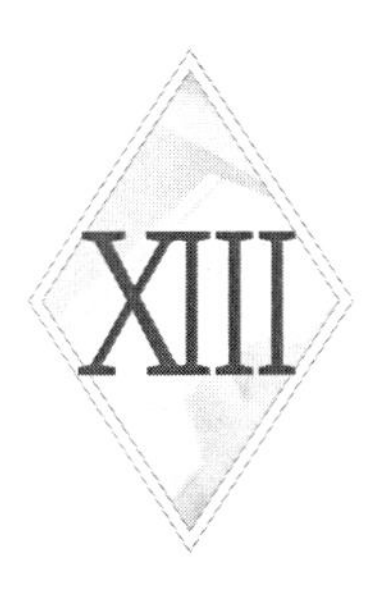

어음·수표상 권리의 소멸

1. 소멸원인

(1) 일반적 소멸원인

① 변제, 대물변제, 상계, 경개, 면제, 공탁 등에 의하여 어음·수표상 권리가 소멸하는 것은 민법과 같다.

② 다만 환배서(역배서)의 경우에는 어음·수표상 권리가 혼동으로 소멸하지 않는다.

③ 어음·수표 소지인이 어음·수표채권을 자동채권으로 하여 상계하려면 어음·수표를 교부해야 효력이 있다.

(2) 상환청구권의 특수한 소멸원인

① 어음·수표 소지인이 상환청구권 보전절차를 흠결하면 상환청구권을 상실한다.

② 어음·수표 소지인이 일부지급의 수령을 거절하면 그 부분에 대한 상환청구권이 소멸한다.

2. 어음·수표시효

(1) 시효기간

① 어음 ☆☆

(i) 어음의 주채무자에 대한 청구권: 만기일로부터 3년

(ii) 어음의 상환의무자에 대한 상환청구권: 거절증서 작성일로부터 1년(작성면제의 경우 만기일로부터 1년)

(iii) 어음의 상환의무자에 대한 재상환청구권: 어음을 환수한 날로부터 6개월(또는 제소된 날로부터 6개월)

② 수표

(i) 수표의 상환의무자에 대한 상환청구권: 지급제시기간 경과 후 6개월

(ii) 수표의 상환의무자에 대한 재상환청구권: 수표를 환수한 날로부터 6개월(또는 제소된 날로부터 6개월)

(iii) 수표의 지급보증인에 대한 상환청구권: 지급제시기간 경과 후 1년

③ 보증인·무권대리인에 대한 청구권의 소멸시효: 피보증인·본인의 지위를 따름 ☆

어음법 제70조(시효기간)
① 인수인에 대한 환어음상의 청구권은 만기일부터 3년간 행사하지 아니하면 소멸시효가 완성된다.
② 소지인의 배서인과 발행인에 대한 청구권은 다음 각 호의 날부터 1년간 행사하지 아니하면 소멸시효가 완성된다.
1. 적법한 기간 내에 작성시킨 거절증서의 날짜
2. 무비용상환의 문구가 적혀 있는 경우에는 만기일
③ 배서인의 다른 배서인과 발행인에 대한 청구권은 그 배서인이 어음을 환수한 날 또는 그 자가 제소된 날부터 6개월간 행사하지 아니하면 소멸시효가 완성된다.

어음법 제71조(시효의 중단) 시효의 중단은 그 중단사유가 생긴 자에 대하여만 효력이 생긴다.

수표법 제51조(시효기간)
① 소지인의 배서인, 발행인, 그 밖의 채무자에 대한 상환청구권은 제시기간이 지난 후 6개월간 행사하지 아니하면 소멸시효가 완성된다.
② 수표의 채무자의 다른 채무자에 대한 상환청구권은 그 채무자가 수표를 환수한 날 또는 그 자가 제소된 날부터 6개월간 행사하지 아니하면 소멸시효가 완성된다.

수표법 제52조(시효의 중단) 시효의 중단은 그 중단사유가 생긴 자에 대하여만 효력이 생긴다.

(2) 시효중단

① 민법과 마찬가지로 청구, 압류·가압류·가처분, 승인에 의한 시효중단이 인정되며, 이때 어음·수표의 제시는 필요하지 않다(**판례**). 소송고지 역시 시효중단 효력이 인정된다(어음법§80, 수표법§64). ☆

② 어음·수표의 시효중단은 그 중단사유가 생긴 자에 대하여만 효력이 있다(어음법§71, 수표법§52). 예를 들어, 공동발행인 중 1인에 대한 시효중단은 다른 공동발행인에게 영향이 없으며, 주채무자에 대한 시효중단은 다른 상환의무자에게 영향이 없다. ☆

③ 어음금청구의 소를 제기하면 원인채권의 소멸시효를 중단시키는 효력이 있지만, 원인채권의 이행청구소송을 제기한 것만으로는 어음채권의 소멸시효를 중단시키지 못한다. ☆☆

(3) 시효완성의 효과

① 원칙

시효완성의 효과는 각 채무자에게 독립적으로 발생한다. 예를 들어 상환청구권이 시효소멸하여도 주채무에는 영향이 없다.

② 예외

(i) 주채무가 시효소멸하면 더 이상 유효한 어음·수표라 할 수 없으므로 상환청구권도 함께 소멸한다.

(ii) 피보증채무가 시효소멸하면 부종성에 의하여 보증채무도 함께 소멸한다.

참고: 대법원 2024. 3. 28. 선고 2023다265700 판결

기존회사를 사실상 지배하던 A가 기존회사의 채무를 면탈할 목적으로 신설회사를 설립하였다면, 기존회사의 채권자 B가 신설회사에게 채무이행을 청구할 때 별개의 법인격을 주장하면서 책임을 부정하는 것은 법인격을 남용하는 것이어서 신의칙상 허용되지 않는다.

나아가 B의 기존회사에 대한 어음금 청구권이 아직 시효로 소멸하지 않은 상태에서 신설회사가 '기존회사와 별도로 자신에 대하여 소멸시효가 완성되었다'고 주장하는 것 역시 별개의 법인격을 갖고 있음을 전제로 하는 것이어서 신의칙상 허용될 수 없다.

따라서 기존회사에 대하여 여전히 어음금 채권을 가지고 있는 B는 회사제도 남용을 이유로 신설회사에 대하여도 위 어음금 채권을 행사할 수 있고, 회사제도 남용이 인정되는 이상 신설회사가 자신에 대하여 별도의 소멸시효가 완성되었다고 주장할 수 없다.

3. 어음·수표의 말소·훼손·상실

(1) 의의

어음·수표의 말소란 어음·수표의 기명날인 또는 서명 기타 기재사항을 삭제하는 것을 의미하고, 훼손이란 어음·수표를 절단·소각하는 등 증권 자체의 물리적 파손을 의미한다. 어음·수표의 상실이란 어음·수표 전부가 훼손되는 등 어음·수표라고 인정할 만한 것이 남아있지 않은 경우를 의미한다.

(2) 효과

① 발행인의 기명날인·서명 등 필수불가결한 어음·수표 요건이 말소·훼손된 경우에는 상실에 해당하기 때문에 어음·수표에 의한 책임은 물을 수 없다. 다만 상실된 어음·수표에 화체되었던 권리는 제권판결을 통하여 어음·수표 외적으로 다시 행사할 수 있다.

반면 불가결하지 않은 어음·수표 요건이 말소·훼손된 경우, (i) 말소·훼손 이전에 어음·수표에 기명날인 또는 서명을 했던 자의 책임은 이미 성립하였으므로 말소·훼손에도 불구하고 존속하나, (ii) 말소·훼손 이후에는 어음·수표가 더 이상 형식적으로 유효하지 않기 때문에 어음·수표행위 독립의 원칙이 적용될 수 없어서 기명날인 또는 서명을 하더라도 어음·수표 책임이 성립하지 않는다.

② 말소훼손된 부분이 어음·수표 요건은 아닌 경우, (i) 권한 없는 자에 의하여 말소·훼손된 경우에는 변조의 법리가 적용되고, (ii) 권한 있는 자에 의하여 말소·훼손된 경우에는 당해 부분이 없는 채로 효력을 인정하면 된다. 예를 들어 적법하게 말소된 배서는 기재되지 않은 것으로 취급하고 배서연속 여부를 판단한다.

〈도표 XIII-1〉 어음·수표 말소·훼손의 효과 정리

<table>
<tr><th rowspan="2"></th><th colspan="2">어음·수표 요건의
말소·훼손</th><th colspan="2">어음·수표 요건이 아닌 경우의
말소·훼손</th></tr>
<tr><th>불가결한
요건</th><th>불가결하지 않은
어음·수표 요건</th><th>권한 없는 자의
변조</th><th>권한 있는 자의
말소·훼손</th></tr>
<tr><td>말소·훼손前
어음·수표
행위자의 책임</td><td rowspan="2">어음·
수표의
상실:
책임 불성립</td><td colspan="2">말소·훼손前 원문언에 따라서
유효하게 성립한 책임 존속</td><td>말소·훼손부분
없는 채로
책임 존속</td></tr>
<tr><td>말소·훼손後
어음·수표
행위자의 책임</td><td>형식상 유효하지
않은 어음·수표:
책임 불성립</td><td>말소·훼손부분
없는 채로
책임 발생</td><td>말소·훼손부분
없는 채로
책임 발생</td></tr>
</table>

4. 어음·수표의 상실에 대한 보호절차

(1) 공시최고절차

① 개념

공시최고절차란 법원에서 불특정다수를 상대로 일정 기간 내에 어음·수표 관련 권리를 신고할 것을 최고하고 신고가 없는 경우에는 증권을 무효로 한다는 공고 절차를 의미한다(민사소송법 § 481).

② 요건

자신의 의사에 반하여 증권의 점유를 잃은 자가 현재의 점유자를 알지 못할 때 신청할 수 있다. 따라서 사기·강박·횡령 등에 의하여 자의로 어음·수표를 교부한 자는 공시최고의 신청인이 될 수 없다. 또한 현재의 점유자를 안다면 그에게 반환청구를 해야 하는 것이지, 공시최고를 신청할 수는 없다(**판례**).

③ 어음·수표의 유통

공시최고기간 중에도 어음·수표는 자유롭게 유통될 수 있는바, 어음·수표상 권리의 선의취득이 가능하다. 또한 소지인의 형식적 자격을 신뢰하고 지급한 지급인은 선의지급 규정에 의하여 면책될 수 있다. 설사 채무자가 공시최고 진행 사실을 알고 있었더라도 자격수여적 효력을 번복할 수 있는 것은 아니므로 사기·중과실로 지급한 것으로 인정되지 않는다.

(2) 제권판결

① 의의

공시최고기간이 종료한 이후에 법원은 어음·수표의 제권판결을 내릴 수 있다(민사소송법 § 485). 이 경우 제권판결의 대상이 된 어음·수표는 제권판결의 소극적 효력에 의하여 무효가 된다(민사소송법 § 496). 또한 제권판결을 얻은 자는 제권판결의 적극적 효력에 의하여 어음·수표상 권리를 행사할 수 있게 된다(민사소송법§497). 다만 그 효력은 형식적 자격을 회복시켜주는 것에 그치므로 신청인이 애초에 무권리자였다면 제권판결을 받더라도 실질적 권리자가 될 수 없다.

cf. 백지어음에 대한 제권판결취득자는 어음 외 의사표시로 백지보충권을 행사하여 적법하게 지급청구할 수 있다(**판례**).

② 제권판결과 선의취득의 관계

(i) 선의취득자 우선설에 의하면 제권판결은 실질적 권리자에 영향을 주는 것이 아니므로 제권판결 전에 선의취득한 자가 당연히 권리를 가진다고 본다(**다수설**).

(ii) 그러나 <**판례**>는 결과적으로 제권판결취득자 우선설과 같은 입장이다. 즉 "제권판결이 선고된 이상 어음·수표상의 실질적 권리자라 하더라도 제권판결의 효력을 소멸시키기 위해서는 제권판결에 대한 불복의 소를 제기하여 취소판결을 받지 아니하는 한 그 어음상의 권리를 주장할 수 없다."고 판시한다. ☆

어음 · 수표법 강의

XIV

이득상환청구권 및 기타 쟁점

이득상환청구권 및 기타 쟁점

1. 이득상환청구권

어음법 제79조(이득상환청구권) 환어음 또는 약속어음에서 생긴 권리가 절차의 흠결로 인하여 소멸한 때나 그 소멸시효가 완성한 때라도 소지인은 발행인, 인수인 또는 배서인에 대하여 그가 받은 이익의 한도내에서 상환을 청구할 수 있다.

수표법 제63조(이득상환청구권) 수표에서 생긴 권리가 절차의 흠결로 인하여 소멸한 때나 그 소멸시효가 완성한 때라도 소지인은 발행인, 배서인 또는 지급보증을 한 지급인에 대하여 그가 받은 이익의 한도내에서 상환을 청구할 수 있다.

(1) 의의

① 개념

어음·수표상의 권리가 절차의 흠결 또는 소멸시효의 완성으로 인하여 소멸된 경우, 소지인은 이득상환청구권에 의하여 어음·수표상의 채무자에 대하여 그가 받은 이득의 반환을 청구할 수 있다(어음법§79, 수표법§63).

② 당사자

이득상환청구권자는 어음·수표상 권리가 소멸할 당시의 정당한 소지인이다. 정당한 권리자라면 상속·합병, 선의취득, 배서불연속, 기한후배서 등으로 취득했어도 무방하다. 이득상환의무자는 원인관계에서 이득을 얻고 있는 자이다.

③ 인정 근거

엄격한 절차적 요건으로 인하여 소지인은 어음·수표상 권리를 쉽게 상실할 수 있는 반면 채무자는 그만큼 이득을 보전하게 되는 불공평한 결과가 발생할 수 있기 때문에 이를 시정하려는 것이다.

④ 법적 성격

<**통설·판례**>는 이득상환청구권을 형평의 관점에서 법이 특별히 인정한 청구권으로 이해한다(**지명채권설**).

(2) 요건

① 권리의 소멸

(i) 어음·수표상의 권리가 소멸해야 한다. 백지어음·수표는 유효한 어음·수표가 아니므로 소멸해도 이득상환청구권이 발생하지 않는다.

(ii) 소멸사유(보전절차의 흠결 또는 소멸시효의 완성)는 제한적 열거로 파악한다. 따라서 추가적인 사유는 인정되지 않는다.

(iii) 수표의 경우 지급제시기간이 경과함으로써 수표상의 권리는 확정적으로 소멸하고 수표소지인은 즉시 이득상환청구권을 취득하는 것이 원칙이다. 다만 지급위탁의 취소가 없었다면 수표소지인은 지급인으로부터 임의지급을 받아도 유효하므로 양자의 관계가 문제된다. 이에 수표금 지급을 해제조건으로 이득상환청구권이 발생한 것으로 보아서, 수표금이 지급되면 이미 발생한 이득상환청구권은 소멸하는 것으로 해석한다(**통설·판례**).

한편 지급제시기간이 경과한 이후에야 수표를 취득한 소지인에게는 이득상환청구권이 발생하지 않는다.

② 구제수단의 부존재

소지인에게 다른 구제수단이 있으면 불공평한 결과로 인정할 수 없다. 이때 구제수단의 부존재를 어느 정도로 요구할 것인지 다음과 같은 논란이 있다.

(i) **협의설**은 이득상환청구의 상대방에 대한 어음·수표상 권리만 소멸하면 된다고 주장한다.

(ii) **광의설**은 모든 채무자에 대한 어음·수표상 권리가 소멸해야 한다고 주장한다(**다수설**).

(iii) <판례>는 **최광의설**의 입장에서 "모든 어음·수표상 권리 및 민법상 구제수단까지 전부 소멸해야 한다."고 본다. 예를 들어, 기존 원인채무의 지급을 담보하기 위하여 어음을 발행하였다면 어음채권이 시효소멸하였어도 아직 원인채권이 남아있기 때문에 이득상환청구권이 발생할 수 없다(**판례**). ☆

③ 채무자의 이득

(i) 채무자가 실질관계에서 현실로 이익을 받았어야 그 범위 내에서 반환을 요구할 수 있다. ☆

(ii) 어음·수표를 지급에 갈음하여 교부받은 소지인은 원인채권이 대물변제에 의하여 이미 소멸하였기 때문에, 이후에 어음·수표채권이 시효소멸하게 되면 채무자는 이득을 얻는다. 따라서 이때 소지인에게 이득상환청구권이 발생할 수 있다.

(iii) 지급을 위하여 또는 지급을 담보하기 위하여 어음·수표를 교부한 경우에는 직접 거래당사자와 원인관계상 채권이 병존하고 있다. 이후에 어음·수표채권이 시효소멸하는 경우에는 어음·수표상 다른 채무자가 존재하는지 여부에 따라 다음과 같이 판단 방식이 달라진다.

A. 어음·수표상 다른 채무자가 없는 경우

어음상 유일한 채무자에 대한 원인채권이 먼저 시효소멸하면 채무자는 소지인에게 인적항변 사유를 갖는바 이미 이득이 발생하였고, 이후 어음채권이 시효소멸하더라도 그로 인해 이득이 발생한 것은 아니다. 즉 "원인관계상의 채무를 담보하기 위하여 어음이 발행되거나 배서된 경우에는 어음채권이 시효로 소멸되었다고 하여도 발행인 또는 배서인에 대하여 이득상환청구권은 발생하지 않는다고 할 것인바, 이러한 이치는 그 원인관계상의 채권 또한 시효 등의 원인으로 소멸되고 그 시기가 어음채무의 소멸 시기 이전이든지 이후이든지 관계없이 마찬가지이다."(대법원 2000. 5. 26. 선고 2000다10376 판결)

B. 어음·수표상 다른 채무자가 존재하는 경우

제3자(A) 발행의 약속어음을 B가 C에게 배서양도한 경우에는 어음소지인 C가 원인관계상 채무자인 B에게 갖는 원인채권이 시효소멸하여 B가 C에게 인적항변으로 대항할 수 있더라도 A가 여전히 C에게 어음상 채무를 부담하기 때문에 구제수단이 아직 존재하는 것이지만, 이후에 어음채권까지 시효소멸하면 A가 어음채무를 면하면서 실질적 이득을 얻기 때문에 이득상환청구권이 발생할 수 있다.

(3) 이득상환청구권의 행사

① 통설·판례인 지명채권설에 의할 때 다음과 같은 특징이 있다.

(i) 이득상환청구권의 행사에 어음·수표의 소지는 필요하지 않다.

(ii) 지명채권 양도방법에 의하여 양도하면서 대항요건을 갖추면 된다. 배서 방식에 의한 양도는 인정되지 않는다.

(iii) 지명채권인 이득상환청구권을 선의취득하는 것은 불가능하다.

(iv) 이득상환청구권의 소멸시효는 일반채권과 같이 10년이 적용된다.

② 입증책임

일반원칙에 따라 이득상환청구권을 행사하는 자가 권리발생사실을 입증해야 한다(**판례**).

③ 채무자의 항변

이득상환의무자는 소지인에 대하여 종전에 대항할 수 있었던 모든 항변사유로 이득상환청구에 대항할 수 있다고 보는 것이 통설의 입장이다. 어음·수표상의 권리가 소멸하였음에도 불구하고 이득상환의무자가 종전보다 불리한 지위에 놓일 수는 없기 때문이다.

(4) 자기앞수표의 이득상환청구권

① 의의

자기앞수표란 발행인(은행)이 자신을 지급인(은행)으로 하여 발행하는 수표이다. 자기앞수표는 거래계에서 현금과 동일한 수준의 유통성을 갖기 때문에 수표상의 권리가 소멸되더라도 소멸 이전과 다르게 취급하는 것이 적절치 않다. 따라서 다음과 같이 특별한 취급을 받는다.

② 요건의 당연 충족

(i) 권리의 소멸

발행일로부터 10일의 지급제시기간이 경과하면 수표상 권리가 당연히 소멸한다.

(ii) 구제수단의 부존재

자기앞수표는 지급에 갈음하여 교부된 것으로 추정된다. 즉 자기앞수표를 교부받았으면 다른 권리가 남아 있지 않을 것이어서 자기앞수표의 권리가 소멸하면 모든 구제수단이 부존재한 것으로 추정된다(**판례**).

(iii) 채무자의 이득

수표를 발행한 은행에서 수표금을 지급한 사실이 없기 때문에 수표금 상당액의 이득을 여전히 보유하고 있는 것으로 추정된다(**판례**).

③ 자기앞수표 양도의 특별한 기능

(i) 지급제시기간이 지난 자기앞수표를 양도하는 경우, 자기앞수표의 교부에 의하여 이득상환청구권을 양도함과 동시에 상환의무자인 발행은행에 대한 채권양도 통지권능을 함께 이전하는 합의가 존재하는 것으로 인정된다(**전합판결**). ☆☆

(ii) 다만 자기앞수표의 이득상환청구권을 자기앞수표의 교부에 의하여 양도하는 경우에 당연히 제3자에 대한 대항요건이 갖추어졌다고 볼 수는 없다. 따라서 채무자인 자기앞수표 발행은행은 이득상환청구권에 대한 압류채권자 등 양수인의 지위와 양립할 수 없는 법률상 지위를 취득한 제3자에게 대항할 수 없다(대법원 2023. 11. 30. 선고 2019다203286 판결).

2. 어음할인

(1) 개념

통상 어음할인이라 함은 아직 만기가 도래하지 않은 어음의 소지인이 은행 등 금융업자에게 어음을 양도하고 은행 등이 어음금액으로부터 만기까지의 이자 기타 비용을 공제한 금액을 할인의뢰자에게 수여하는 거래를 의미한다(**판례**).

(2) 법적 성질

① 매매설의 입장에서는 어음할인을 단순한 어음의 배서양도로 본다(**통설**). 따라서 어음할인을 특별하게 취급할 필요가 없다. 반면 소비대차설은 은행과 할인의뢰인 사이에서 소비대차의 담보를 위해 어음이 교부된다는 견해이다.

② <**판례**>는 전형적인 어음할인에 대해서는 매매설의 입장을 취한다. 다만 어음할인의 법적 성질을 일률적으로 단정하는 것은 아니고, 거래의 실질과 당사자의 의사를 고려하여 결정하는바 은행거래약정이 수반된 어음할인에서는 소비대차설로 보기도 한다.

3. 복본과 등본

(1) 복본

복본이란 처음부터 여러 통의 증권이 대등한 지위로 만들어진 것을 의미한다. 복본일체의 원칙에 의하여 어느 하나의 어음에 지급이 이루어지면 전체 복본이 효력을 상실한다(어음법§65①). 다만 예외적으로 복본으로 발행된 환어음의 일부를 인수한 지급인은 어음금을 지급하더라도 자신이 인수한 어음을 반환받지 못하였다면 그 어음의 선의취득자에게 책임을 면하지 못한다(어음법§65① 단서).

(2) 등본

등본이란 증권의 원본을 복사한 것을 의미한다. 즉 등본은 어음이 아니므로 등본으로 인수 또는 지급을 청구할 수 없다. 다만 원본에 "이후의 배서는 등본에 한 것만 효력이 있다."는 문구를 기재한다면, 등본은 원본과 같은 방법 및 같은 효력으로 배서·보증을 할 수 있다는 점에서 유용할 수 있다(어음법§67③).

4. 횡선수표

(1) 개념

횡선수표란 수표 표면에 두 줄의 평행선을 그은 수표를 의미한다. 횡선수표의 지급인은 은행 또는 지급인의 거래처에 대해서만 지급할 수 있다(수표법§38). 이때 일반횡선수표란 두 줄의 평행선만 있거나 그 안에 단순히 "은행"으로 기재된 경우이며, 특정횡선수표란 두 줄의 평행선 안에 특정 은행의 명칭이 기재된 경우이다.

(2) 효력

① 지급인은 일반횡선수표에 대하여 은행 또는 자신의 거래처에게 지급할 수 있다. 반면 특정횡선수표를 지급받을 수 있는 자는 특정은행으로 더 제한된다. 이때 지정된 특정은행이 지급인 자신이라면 자기의 거래처에 한하여 지급할 수 있다. ☆

〈도표 XIV-1〉 횡선수표의 효력 예시

ex. A가 B에게 지급인이 甲은행으로 된 소지인출급식 수표를 발행하면서 횡선을 긋고 교부하였다면 B는 다음과 같이 지급을 받을 수 있다.

(i) 지급인 甲은행이 B의 거래처라면 甲은행에서 직접 지급받을 수 있다.

(ii) 乙은행이 B의 거래처라면 B는 乙은행에 추심을 의뢰하여 지급받을 수 있다.

(iii) B가 횡선 안에 "甲은행"이라고 기재하여 C에게 양도한 경우, 지급인 甲은행이 C의 거래처라면 甲은행에서 직접 지급받을 수 있다.

(iv) B가 횡선 안에 "乙은행"이라고 기재하여 C에게 양도한 경우, 乙은행이 C의 거래처라면 乙은행에 추심을 의뢰하여 지급받을 수 있다.

② 위와 같은 제한을 위반한 경우에도 지급이 무효가 되는 것은 아니지만, 이를 위반한 지급인이나 은행은 손해배상책임을 부담한다(수표법§38⑤).

③ 일반횡선은 특정횡선으로 변경할 수 있으나, 특정횡선은 일반횡선으로 변경하지 못한다. 횡선 또는 지정된 은행의 명칭은 말소할 수 없는바, 말소 표시는 없는 것으로 본다(수표법§37④, ⑤).

5. 선일자수표

(1) 의의

선일자수표란 실제 발행한 날보다 나중의 날짜로 발행일이 기재된 수표를 의미한다. 발행일 기재를 조작함으로써 수표의 일람출급성을 회피하려는 수단으로 남용될 수 있기 때문에 다음과 같은 특별한 규정을 가지고 있다.

(2) 효력

① 선일자수표 자체는 유효하다(**판례**).

cf. 문면상 발행일은 지급제시기간이나 소멸시효 계산의 기산점으로 사용된다.

② 일람출급성을 유지하기 위하여 발행일 이전에 이루어진 지급제시는 유효하며, 지급인은 그 제시된 날에 이를 지급하여야 한다(수표법§28②). ☆☆

③ 당사자 사이에서 발행일 전에는 지급제시하지 않기로 정한 특약은 유효하다(**통설·판례**).

연습문제

XVI-1. 어음과 수표에 관한 설명 중 옳지 않은 것을 모두 고른 것은? (다툼이 있는 경우 판례에 의함) **[2015년 변호사시험 기출]**

ㄱ. 어음은 수취인이 필요적 기재사항이나 수표는 수취인을 기재하지 않아도 수표로서 유효하다.
ㄴ. 어음과 달리 수표는 일람출급으로만 발행될 수 있으나, 수표의 발행일을 현실의 발행일보다 후일의 일자로 기재한 선일자수표의 경우에는 그 발행일까지 지급제시를 할 수 없다.
ㄷ. 어음은 공정증서로써 지급거절을 증명하여야 하나, 수표의 경우에는 지급인 또는 어음교환소의 선언으로도 이를 증명할 수 있다.
ㄹ. 제시기간 내에 지급제시된 수표에 대하여 그 지급인은 주채무자로서 소지인에 대하여 지급의무를 진다.
ㅁ. 「어음법」과 달리 「수표법」에서는 횡선제도가 있으며, 일반횡선수표의 지급인은 은행 또는 지급인의 거래처에만 지급할 수 있다.

① ㄱ, ㄴ
② ㄴ, ㄷ
③ ㄴ, ㄹ
④ ㄷ, ㅁ
⑤ ㄹ, ㅁ

해설

ㄱ. (O) 어음은 소지인출급식 발행이 안 되지만, 수표는 소지인출급식으로 발행할 수 있다.
ㄴ. (X) 선일자수표는 발행일 전에도 유효하게 지급제시 및 지급을 할 수 있다.
ㄷ. (O) 수표의 경우에는 지급거절증서의 작성 이외에 지급인 또는 어음교

환소의 선언에 의하여 지급거절을 증명할 수 있다.

ㄹ. (X) 지급인은 수표금을 지급할 권한은 있으나 지급의무를 부담하는 것은 아니다. 수표의 지급인은 지급보증을 하는 경우에만 상환의무를 부담한다.

ㅁ. (O) 일반횡선수표의 지급인은 은행 또는 지급인의 거래처에만 지급할 수 있도록 지급 상대방이 제한된다.

찾아보기

참고판례 목록

저자 약력

신현탁(申鉉卓)

고려대학교 법과대학 학사, 석사
U.C. Berkeley 로스쿨 LLM, JSD
제42회 사법고시 합격(사법연수원 제32기 수료)
법무법인 충정 증권금융팀 구성원 변호사
대한변호사협회 상사·금융분야 전문변호사 등록
법무부 제4회 변호사시험위원
(현재) 고려대학교 법학전문대학원 교수

어음·수표법 강의

초판발행 2025년 3월 25일

지은이 신현탁
펴낸이 안종만·안상준

편 집 장유나
기획/마케팅 김한유
표지디자인 BEN STORY
제 작 고철민·김원표

펴낸곳 (주) 박영사
서울특별시 금천구 가산디지털2로 53, 210호(가산동, 한라시그마밸리)
등록 1959. 3. 11. 제300-1959-1호(倫)
전 화 02)733-6771
f a x 02)736-4818
e-mail pys@pybook.co.kr
homepage www.pybook.co.kr
ISBN 979-11-303-4920-6 93360

정 가 17,000원